Johann Hinrich Claussen

Die seltsamsten Orte der Religionen

Johann Hinrich Claussen

Die seltsamsten Orte der Religionen

Von versteckten Kirchen,
magischen Bäumen,
und verbotenen Schreinen

Mit Illustrationen von
Lukas Wossagk

C.H.Beck

Für Peter Stolt

© Verlag C.H.Beck oHG, München 2020
www.chbeck.de
Umschlaggestaltung: nach einem Konzept
von Rothfos & Gabler, Hamburg
Umschlagillustration: © Lukas Wossagk
Satz: Janß GmbH, Pfungstadt
Druck und Bindung: CPI – Ebner & Spiegel, Ulm
Geruckt auf säurefreiem und alterungsbeständigem Papier
Printed in Germany
ISBN 978 3 406 75598 9

myclimate

klimaneutral produziert
www.chbeck.de / nachhaltig

Inhalt

Reisehinweise

Die Welt ist voller Religion, ob es einem gefällt oder nicht. Man muss sich bloß neugierig umschauen. Der westeuropäische Blick ist allzu oft gefangen in der Vorstellung, dass es gegenwärtig nur religiöse Traditionsabbrüche und kirchliche Bedeutungsverluste zu verzeichnen gebe. Wohin er sieht, kann er lediglich Säkularisierung erkennen. Doch diese ist ein Aspekt unter vielen. Man sollte sich deshalb aufmachen und in anderen Weltgegenden umsehen. So viel Religion, die einem anderswo begegnet – zum Staunen, manchmal auch zum Erschrecken. Wer aber in der Ferne seinen Sinn für Religion geschärft hat, der sollte sich von neuem auch zu Hause umtun. Denn dort wartet manche religiöse Überraschung auf ihn. Religion ist und bleibt ein Menschheitsthema, in all ihren Zwiespältigkeiten. Auch als spätmoderner Zeitgenosse wird man die Gretchenfrage nicht los, deshalb muss man sich ihr stellen – unbefangen, aber nicht unkritisch: «Wie hast du's mit der Religion?» Auch ein vermeintlich aufgeklärter Westeuropäer sollte sich dafür interessieren, wo Religion heute noch eine lebendige Kraft ist, was dies für ihre jeweilige Heimat und deren Bewohner bedeutet – und was dies einen selbst angehen könnte. Dieses Buch möchte einige Anregungen geben, darüber nachzudenken.

Religion gibt es nicht an und für sich, sondern immer nur in einer konkreten Gestalt, als diese oder jene Religion, und das heißt auch: an diesem oder jenem Ort. Auch wenn der Geist des

Glaubens weht, wo er will, sucht er sich doch zu beheimaten. Religionen sind ohne eigene Landschaften nicht zu denken: mit Bergen, auf deren Gipfeln die Götter wohnen, Flüssen, deren Wasser ewiges Leben spendet, riesigen Steinen, die vom Himmel gefallen sein müssen, Quellen, die unerklärlich aus Felsen sprudeln und Sünden abwaschen, Gräbern von Urahnen, an denen man Heilung erfahren kann. Solche religiösen Orte sind alle auf ihre Art seltsam, befremdlich oder erschreckend, aber auch anrührend, liebenswert und faszinierend und wollen dies sein, denn sie stellen mitten auf dieser Erde ein Stück der Überwelt dar.

Als ein Reiseführer anderer Art präsentiert dieses Buch einige besonders seltsame Orte der Religion in Deutschland und auf der ganzen Welt. Einige dieser Orte erscheinen uralt, andere hochmodern, die meisten aber sind beides zugleich in den seltsamsten Mischungen aus Archaischem und Avanciertem. Natürlich stellt der Großteil dessen, was man religiöses Leben nennt, sich nicht als besonders, exotisch oder spektakulär dar. Zumeist vollzieht es sich auf ganz unscheinbare Weise: als stilles Gebet, gewissenhafte Nachdenklichkeit, unaufgeregtes Tun des Guten, selbstverständliches Ritual, gewohnheitsmäßiges Feiern der Feste. Da aber vielen heutigen Westeuropäern Religion an und für sich schon seltsam vorkommt, will dieses Buch die Schraube ein wenig weiterdrehen und wirklich Seltsames vorstellen, um neu auf religiöse Phänomene und Fragen aufmerksam zu machen. Das Lesen dieses Buches sollte Freude bereiten (wie es auch das Schreiben getan hat). Deshalb spielt es mit dem Reiz des Exotischen, sucht und genießt es den Zauber des Reisens. Doch eine *freak show* sollte es nicht werden. Sich über Fremdes, das man nicht versteht, nur zu amüsieren, ist ein Zeichen von Ignoranz. So möchte dieses Buch die Augen öffnen für die Vielfalt des religiösen Lebens heute. Dabei zielt es auf eine hilfreiche Verstörung. Es ist ja allzu menschlich, sich selbst für normal und nur die anderen für seltsam zu halten. Doch wer sich mit religiösen Orten heute beschäftigt, dem kann der beunruhigende Gedanke aufgehen, dass es sich vielleicht andersherum verhält und man selbst der Seltsame ist.

Damit verbindet sich ein zweites Anliegen dieses Buches, nämlich für Respekt zu werben. Bei allem, was einem an fremder Religion als kritikwürdig erscheinen mag, sollte man doch auch einen Sinn für die Schönheit, Tiefe und Lebensdienlichkeit dessen entwickeln, woran Menschen glauben, die unter ganz anderen Bedingungen leben. Gerade die Volksfrömmigkeit auf der südlichen Erdhalbkugel bietet dazu reiches Anschauungsmaterial.

Und schließlich möchte dieses Buch zum Nachdenken über uns selbst anregen: Vielleicht gibt es in unserer Nähe mehr Religion, vielleicht geht sie uns mehr an, als wir uns bisher vorstellen konnten. Zu diesem Zweck wird in diesem Buch einem seltsamen religiösen Ort aus dem deutschsprachigen Raum meist ein Pendant aus der weiten Welt gegenübergestellt. So kann sich das eine im anderen spiegeln. Doch eine strenge Methode soll dies nicht sein, denn nicht bei jedem Thema ist dies möglich oder angebracht.

Nur einige der hier vorgestellten religiösen Orte habe ich selbst besucht. Zu meiner großen Freude aber habe ich für fast jeden einen Reiseführer gefunden: eine Künstlerin, einen Journalisten, einen Wissenschaftler, eine Freundin oder Bekannte, die dort gewesen sind und mir davon berichten konnten. Ich musste bloß hartnäckig genug suchen, manchmal aber auch nur geduldig warten, bis ich jemanden fand, der diesen oder jenen seltsamen Ort der Religion aus eigener Erfahrung kennt.

Christliche Orte haben in diesem Buch ein Übergewicht. Das ist eine offenkundige Einschränkung, die sich bei einem christlichen Autor aus Deutschland kaum vermeiden ließ. Andererseits ist das globale Christentum heute von einer so überwältigenden Vielfalt, dass manches davon einem deutschen Protestanten oder Katholiken als ziemlich seltsam erscheinen dürfte. Um sich exotisch befremdet zu fühlen, muss man nicht zu fremden Religionsgemeinschaften am anderen Ende der Welt reisen und dort an einem schamanistischen Ritus teilnehmen, es genügt schon der Besuch einer Migrationsgemeinde in der eigenen Nachbarschaft oder der Blick zu afrikanisch-christlichen Mega-Churches oder zu den Gebetsbergen charismatischer Christen in Südkorea. Zudem ist es auch ein Zeichen des Respekts und der Einsicht in die eigenen Grenzen, wenn man über manche Orte anderer Religionen nicht schreibt. Man findet eben nicht zu allem eine Tür.

Es ist eine irrige, wenn auch besonders unter wohlhabenden Westeuropäern und Nordamerikanern verbreitete Vorstellung, anzunehmen, man dürfe überallhin, sei an jedem Ort willkommen, habe ein Recht, sich alles einmal anzusehen, nur weil man es kann. Langsam aber öffnen sich viele Menschen der Einsicht, dass es auf dieser Erde Orte gibt, die für andere Menschen so bedeutsam, kostbar, heilig sind, dass Touristen sie nicht betreten sollten. Denn Tourismus ist Konsum, und konsumieren heißt: dasjenige aufzehren und vernichten, was man benutzt und genießt. Die Reiseeinschränkungen, die während der Corona-Pandemie erlassen wurden, haben das Ihre dazu beigetragen, um mehr Menschen nachdenklich werden zu lassen. Auch für das Reisen gibt es Grenzen, sinnvolle und schmerzliche. So war plötzlich der Zutritt auch zu den religiösen Orten verwehrt, die Gläubige während einer Seuche eigentlich als Erstes aufgesucht hätten: zum Beispiel die Basilica Santuario dei SS. Vittore e Corona im Venezianischen Feltre, wo die heilige Corona als Nothelferin in Pestzeiten verehrt wird. Dieses Buch weiß um die Grenzen des Reisens und versteht sich deshalb als ein antitouristischer, religionsökologischer Cicerone. Er führt zu abgelegenen Orten, möchte aber gerade nicht dazu auffordern, selbst dorthin zu fahren. Die beste, bildungsreichste und zugleich umweltschonendste Art des Reisens ist immer noch das Lesen. Übrigens ist das Lesen seit jeher in vielen Religionen eine der wichtigsten religiösen Übungen überhaupt und das Buch einer der bedeutsamsten und manchmal seltsamsten religiösen Orte.

Dies ist nun ein unordentliches Buch geworden. Es folgt keiner strengen Methode und unterwirft seinen Inhalt keiner klaren Gliederung. Denn die Orte, um die es hier geht, entziehen sich einem systematischen Zugriff. Sie sind zu viele, passen nicht zusammen, fügen sich nicht, sind alle im Fluss. Dies zu zeigen ist ja ein Anliegen dieses Buches. Deshalb ist dieses Buch eine kleine Einübung in religiöse Vielfalt, Unterschiedlichkeit, Widersprüchlichkeit und Gegensätzlichkeit. Jedem werden beim Lesen weitere Orte einfallen, die eigentlich auch in dieses Buch gehört hätten. Religion ist, musikalisch gesprochen, ein Thema in unendlichen Variationen. Deshalb soll dies kein Buch sein, das zu Ende ist, wenn man seine letzte Seite gelesen hat – denn dann sollte das eigene Suchen und Finden erst beginnen.

1. Orte für Lastwagen und Motorräder

Die Heilige der Lastwagenfahrer: Vallecito, Argentinien

31° 44′ 17″ südlicher Breite; 67° 59′ 9″ westlicher Länge

Es ist lange her, aber die Bilder stehen immer noch lebendig vor meinem inneren Auge: Haufen von Wasserflaschen an Parkplätzen und Straßenrändern. In der Weite und Leere der argentinischen Landschaft sah ich oft diese Flaschen, ein bisschen schmutzig, das Wasser darin schon leicht bräunlich. Als deutscher, in säuberlicher Müllentsorgung geübter Gast konnte ich darin zunächst nur eine Umweltverschmutzung erkennen. Aber dann hörte ich von der Difunta Correa. Ich entdeckte die vielen kleinen Schreine am Wegesrand, mir begegneten an ungezählten Lastwagen ihr Namenszug und ihr Bild: eine auf dem Rücken liegende junge Frau mit geschlossenen Augen und einem Säugling an der Brust.

Überall waren diese Flaschen zu sehen, aber ich konnte mit niemandem über sie sprechen. Denn diejenigen, die sie an den Wegesrand stellten, schienen einer anderen Welt anzugehören als der, zu der ich einen Zugang hatte: der Welt der deutschstämmigen, protestantischen Bauern. Auch jetzt, als ich mich nach vielen Jahren wieder mit der Difunta Correa beschäftigte, konnten mir meine deutschargentinischen Freunde kaum etwas über sie sagen. Natürlich kannten sie alle diese Flaschen, aber selbst hatten sie noch nie mit jemandem gesprochen, der sie mit Wasser füllte und einzeln oder in Haufen ablegte. Auch war keiner von ihnen je in Vallecito gewesen, dem zentralen Heiligtum der Difunta Correa, im wüstenhaften Nordwesten des Landes, gleich neben der Provinzhauptstadt San Juan. Es war, als ob eine gläserne Wand uns von diesem seltsamen Kult trennte, der in Argentinien vor allem von Lastwagenfahrern und armen Menschen gepflegt wird.

Aber einer fiel mir ein, den ich noch fragen konnte: der argentinische Priester und Dichter Hugo Mujica. Ein Student aus Kolumbien hatte mich auf seine Verse aufmerksam gemacht, deren Verbindung aus Mystik und Moderne mich faszinierten. Als Pfarrer einer Gemeinde in Buenos Aires, deren Mitglieder der Mittel- und Oberschicht angehörten, hatte er zwar ebenfalls keine direkte Berührung mit dem volkstümlichen Kult der Difunta Correa. Aber einige Hinweise konnte er mir doch geben.

Der Kult gründet auf einer Legende. Es war im Jahr 1841, in Argentinien herrschte ein elend langer, zäher Bürgerkrieg, da verließ eine junge Frau namens María Antonia Deolinda y Correa fluchtartig ihr Heimatdorf im fernen Nordwesten. Ihr Mann war verschleppt und zwangsrekrutiert worden. In Sorge um ihn und aus Angst, vom örtlichen Machthaber zur Geliebten gemacht zu werden, eilte sie ihm nach, hinein in die Wüste. Sie hatte keine Zeit gehabt oder einfach nicht daran gedacht, Proviant und vor allem Wasser mitzunehmen. Nur das gemeinsame, erst vor kurzem geborene Kind trug sie in ihren Armen. Der unerbittlichen Hitze war sie wehrlos ausgeliefert. Nach wenigen Tagen war sie so furchtbar erschöpft, dass sie sich unter einen Baum legte und verdurstete. Einige Tage später entdeckten Hirten die beiden. Die Mutter war tot – aber das Kind, es lebte noch! Es lag an der Brust seiner Mutter und trank deren Milch. Über ihren Tod hinaus hatte die Difunta Correa, die «verstorbene Correa», ihr Kind gestillt. Bei einem Hügel gleich in der Nähe, in Vallecito, dem «kleinen Tal», begruben die Gauchos die tote Frau. Nur ein einfaches Holzkreuz schmückte ihr Grab. Das gerettete Kind nahmen sie mit und erzählten allen von dem Wunder, das sie erfahren hatten.

Wie es mit diesem Kind oder seinem Vater weiterging, erzählt die Legende nicht mehr. Denn viel wichtiger waren andere Wunder, die die Difunta Correa nach ihrem Tod bewirkte. Sie führte Gauchos zu verlorenen Tieren und half Bauern in Not. So wurde sie zur Patronin der armen argentinischen Landbevölkerung. Bei welchem Unglück auch immer riefen sie die Difunta Correa an und baten sie um Hilfe. Mit Gebeten wie diesem:

«O liebenswürdige Frau, Difunta Correa, hervorragende Beschützerin derer, die leiden und weinen, wir bitten dich, nimm unser flehentliches Gebet gnädig an. Durch die Vermittlung unseres Herrn Jesus Christus gewähre uns die Gnade, um die wir dich bitten! Ich vereinige mich mit dir und flehe: Gegrüßet seist du, Maria, voll der Gnade …»

Orte für Lastwagen und Motorräder

Doch umsonst gibt die Difunta Correa nichts, das wissen ihre Anhänger genau. Sie erwartet Gegengaben, zum Beispiel Flaschen mit Wasser am Wegesrand. Nach größeren Gnadenerweisen hat man sie zu besuchen. So wurde Vallecito mit der Zeit zu einem sehr beliebten Wallfahrtsort. Man nennt es auch «das argentinische Mekka» – jeder Argentinier, zumindest wenn er katholisch geprägt ist, sollte es in seinem Leben einmal besucht haben. Zu Ostern, in der «Heiligen Woche», kommen Hunderttausende in die heiße, trockene Menschenleere von San Juan. Über das Jahr sollen es eine Million Besucher sein. Sie alle haben die Difunta Correa um etwas gebeten, ihr Wunsch wurde erfüllt, nun kommen sie, um ihr Versprechen einzulösen und eine Gegengabe zu bringen. Sie steigen den Hügel, der über und über mit kleinen Schreinen bedeckt ist, hinauf zu ihrer Kapelle. Manche quälen sich die siebzig Stufen auf den Knien empor. Einige robben sogar auf dem Rücken und mit einem kleinen Kind auf ihrem Bauch nach oben.

In der wichtigsten der insgesamt siebzehn Kapellen liegt die Difunta Correa: eine große, bunt bemalte Gipsfigur mit einem Säugling an der nackten Brust. Die Wände sind übersät mit kleinen Dankestafeln, Fotos von geheilten oder beschenkten Menschen und Plastikblumen. Unter Tränen, gerührt und andächtig streicheln die Verehrer – Männer, Frauen, Alte und Junge – ihre Nothelferin, küssen sie, geben ihr kleine Schlucke Wasser zu trinken, bekreuzigen sich anschließend, oder auch nicht.

Die übrigen Kapellen sind unterschiedlichen Anliegen gewidmet. Besonders bedeutsam ist die Auto-Kapelle. Denn die Difunta Correa gilt insbesondere als Patronin der Reisenden und speziell der Lastwagenfahrer. Das ist natürlich in ihrer Geschichte begründet, aber auch in der Tatsache, dass man *difunta correa* heute auch mit «gerissener Keilriemen» übersetzen kann. Vallecito gleicht einem Autofriedhof. Als Votivgaben werden

Autokennzeichen, Felgen und ganze Wagen herangebracht, aber auch Motorräder und Fahrräder in Mengen. Wer die Difunta Correa erfolgreich um ein eigenes Haus gebeten hat, stiftet ihr ein Modell aus Holz – der Berg ist übersät damit. Wem ein Hochzeitswunsch in Erfüllung ging, schenkt ein Brautkleid und hängt es in die dafür vorgesehene Kapelle. Sie wirkt deshalb eher wie ein unaufgeräumtes Lager als wie ein Andachtsraum, ebenso wie die mit alten Uniformen vollgestopfte Kapelle der Polizisten und Sicherheitsleute. Eine weitere Kapelle ist mit Schulzeugnissen gepflastert, eine andere quillt über von Fußballtrikots, Boxhandschuhen und Sportpokalen. Und wohin man in Vallecito schaut, hängen Dankesplaketten für eine gewährte Genesung, die Rettung bei einem Unfall oder die sehnlich erwartete, endlich eingetroffene Rente. Hinter jeder dieser Tafeln, dieser Gaben steht ein Menschenschicksal aus Verzweiflung, Schmerz, Angst, Armut, Hoffnung, Heilung und Glück. Das ergibt einen seltsamen Effekt: hier die Leere und Dürre der Landschaft, dort die Überfülle des Dankes.

Der Glaube an die Difunta Correa braucht keine Institution. Ihre Wunder wirken wie von selbst, ihre Botschaft geht von Mund zu Mund, der fromme Handel von Gabe und Gegengabe funktioniert ohne offizielle Vermittler. Wer mitmachen will, braucht nur eine Flasche mit Wasser zu füllen oder in den Norden zu reisen. Inzwischen regelt allerdings eine Difunta-Correa-Stiftung den Pilgerbetrieb von Vallecito. Bis 1940 gab es nur ein Holzkreuz, heute läuft hier ein mittelständischer Betrieb mit etwa fünfzig Angestellten, und es ist ein richtiges Dorf entstanden mit Kirche, Schule, Restaurants und Souvenirshops. Das alles will organisiert sein. Da der Pilgerbetrieb in dieser armen Provinz ein erheblicher Wirtschaftsfaktor ist, engagieren sich die örtlichen Behörden, vor allem das Tourismusamt, massiv für diesen Kult. Aber in die eigentliche Verehrung der Difunta Correa mischen die Beamten sich nicht ein. Das ist eine Angelegenheit allein der Gläubigen. Die allermeisten sind katholisch, jedoch erkennt ihre Kirche die Difunta Correa nicht als Heilige an. Zwar hält ein Ortspriester jeden Sonntag hier eine Messe, aber ihren Namen spricht er niemals aus. Auch wenn er Lastwagen segnet, nimmt er keinen Bezug auf die unheilige Heilige dieses Ortes.

Inzwischen gibt es in der katholischen Kirche eine Debatte, ob man nicht den kirchenrechtlichen Prozess einer Seligsprechung einleiten solle. Wunder gebe es ja genug. Der Erzbischof von San Juan erklärte vor wenigen Jahren, dass er in der Verehrung der Difunta Correa einige schöne Elemente entdecken könne: die Treue der Ehefrau zu ihrem Ehemann, die Fürsorge der Mutter für ihr Kind oder die Hingabe des eigenen Lebens für andere. Das sei nun klassisch argentinisch, wie mir Hugo Mujica schrieb: Man verehrt die gute und reine *mamma* (über 60 Prozent der Argentinier haben italienische Wurzeln), die das eigene Leben für die Ihren opfert, und man verachtet – und begehrt – die verführerische «böse Frau». Man mag sich fragen, wie lange sich solche Vorstellungen noch halten werden, und man kann sich ebenfalls fragen, ob lobende Worte wie die des Erzbischofs nicht zu spät kommen. Die Gläubigen haben ihre Heilige längst anerkannt. Einen Widerspruch zum Katholizismus dürften die wenigsten empfinden. Auf YouTube finden sich einige Clips, in denen Besucher von Vallecito ihren Glauben an die Difunta Correa bekennen und von deren Wundern Zeugnis ablegen. Weitergehende Fragen scheinen sie sich nicht zu stellen. Es geht ihnen offenkundig allein um das Wunder, das die Richtigkeit dieser Verehrung beweist. Eine Spannung zu den biblischen Wundergeschichten scheinen sie nicht wahrzunehmen: Bei den Wundertaten Jesu geht es nie um das Mirakel an sich, vielmehr sollen sie grundsätzliche Fragen stellen und in notwendige Auseinandersetzungen führen. An der Difunta Correa dagegen sind allein ihre unglaublichen Geschenke interessant. Deshalb wird kaum einer ihrer Verehrer sich theologische Gedanken über ihr Verhältnis zu Gott, Jesus Christus oder Maria machen. Es dreht sich alles um Kraft und Nähe. Die Difunta Correa wirkt Wunder, und sie ist ihren Verehrern näher als die drei göttlichen Personen der Trinität oder die herrliche Himmelskönigin: Sie ist eine von uns – eine arme Gaucho-Frau, die wie wir unter politischen Kämpfen und gewalttätigen Machthabern leidet, die wie wir gefährliche Reisen antreten muss, die wie wir alles für ihre Familie tun würde.

Die Difunta Correa wendet sich denen, die zu ihr beten, einzeln zu. Regelmäßig aber werden diese zu einer Gemeinschaft. Zu Ostern oder am Nationaltag der Lastwagenfahrer – fast jede Berufsgruppe in Argentinien hat solch einen eigenen Feiertag – kommen sie in großer Zahl in Vallecito zusammen. In der Kirche wird eine Messe gefeiert und nach draußen übertragen, rote Bänder mit ihrem Namen werden verteilt, Folkloremusik mit Liedern über sie tönt aus ungezählten Lautsprechern, auf großen Feuern werden erstaunliche Fleischmengen gegrillt – das typisch argentinische *asado* –, es gibt Autokorsos und Miss-Wahlen. Alles zusammen ergibt das eine spontane, fröhliche Gemeinde der Armen.

Soll man da noch Anstoß nehmen am Handelscharakter dieses Kultes? Die Difunta Correa gewährt ja keine reine Gnade, sie erwartet bestimmte Werke der Dankbarkeit. Doch wenn man sich vergegenwärtigt, welchem Geschäftsgebaren die einfachen Leute in Argentinien allzu oft begegnen, wie sie von Arbeitgebern, Beamten, Politikern und mächtigen Geschäftsleuten wieder und wieder betrogen werden, dann erscheint die Difunta Correa als eine seriöse und verlässliche Handelspartnerin. Wie wird es mit der Difunta Correa weitergehen? Die Säkularisierung gewinnt auch in Argentinien an Wucht. Zudem werden wie überall in Südamerika evangelikale Freikirchen immer stärker, die in diesem volkstümlichen Kult nur eine unreine Mischung aus Katholizismus und Heidentum erkennen können und ihn bekämpfen. Aber die Armen und Hoffnungslosen in Argentinien, die auf Wunder angewiesen sind, werden auch nicht weniger.

Ein Gottesdienst nur für Motorradfahrer: MOGO, Hamburg

53° 32′ 54″ nördlicher Breite; 9° 58′ 41″ östlicher Länge

Es ist mehr als eine Stilfrage, wenn man auf einen Gottesdienst ungern das Etikett «erfolgreich» kleben möchte. Das klingt allzu marktwirtschaftlich. Aber wenn in Deutschland ein Gottesdienst Jahr für Jahr 25 000 bis 30 000 Menschen anlockt, dann lohnt es sich, darüber nachzudenken. Natürlich gibt es christliche Feiern, die noch viel höhere Teilnehmerzahlen melden können. Doch sind dies einmalige Ereignisse – traurige im Falle von Gedenkfeiern nach nationalen Katastrophen oder freudige wie eine Papstmesse auf den fernen Philippinen mit Millionen von Gläubigen. Aber für hiesige Verhältnisse ist der Hamburger Motorradgottesdienst, abgekürzt MOGO, eine erstaunliche Erfolgsgeschichte.

Die Idee dazu wurde zu einer Zeit entwickelt, als das Motorradfahren noch Teil einer Jugendbewegung war. Der erste MOGO soll 1962 am Nürburgring gefeiert worden sein. Die Idee wurde in der Folge vielerorts aufgegriffen, mit besonderer Wirkung in Hamburg. Dort war es der damalige Polizeiseelsorger, der ausgerechnet in der Wahrzeichenkirche der Stadt, dem Michel, 1983 einen ersten Motorradgottesdienst veranstaltete. Er wollte damit auch das Verhältnis zwischen Polizisten und Motorrad fahrenden Jugendlichen verbessern. Heute ist es einem kaum mehr bewusst, aber die «Rocker» waren damals eine geschlossene und ausgeschlossene Gruppe am gesellschaftlichen Rand, als Schrecken der Bürger durchaus vergleichbar mit islamistisch-migrantischen Jugendlichen heute. «Rocker-Seelsorge» war eine Form von Sozial- und Jugendarbeit für besonders engagierte und mutige Pastoren. In diesen Zusammenhang gehörte anfangs auch der MOGO. Er ging unbefangen auf diejenigen zu, die sonst gemieden oder gefürchtet wurden, und lud sie genau mit dem ein, was ihnen das Wichtigste – um nicht zu sagen: das Heiligste – war: ihre Maschinen, Stiefel und Lederjacken. Und die Kirche ließ sich dies etwas kosten, denn es wurde eine aufwendige, teure Veranstaltung.

In über dreißig Jahren ist der MOGO eine feste Tradition geworden, mit erheblicher Breitenwirkung. Dabei hat er sich verändert. Sieht man von kriminellen Banden wie den Hells Angels oder Bandidos ab, ist das Motorrad kein Zeichen mehr für Randständigkeit, es ist längst in der Mitte der Gesellschaft angekommen, ebenso wie das gelegentlich damit verbundene Tattoo. Die wenigsten fahren heute Motorrad, weil sie sich kein Auto leisten können. Sie halten sich zusätzlich eines. Es ist weniger ein Verkehrs- als ein Genussmittel, ein Hobby, und zwar ein nicht ganz billiges, wenn man sich die beim MOGO stolz präsentierten Maschinen ansieht. So sind heute die meisten MOGO-Besucher mittleren oder fortgeschrittenen Alters, haben Familie und Beruf, ein festes Einkommen. Das Motorradfahren aber gehört immer noch zu ihrem Lebensstil, in dem sich ein Freiheitsgefühl mit Reiselust, Gemeinschaftserlebnissen, einer *Easy-Rider*-Nostalgie und auch einer eigenen Religiosität verbindet.

So trifft man sich alljährlich an einem Sonntagmorgen im

Frühsommer. Die vierspurige Straße vor der Hauptkirche St. Michaelis ist gesperrt und überfüllt mit Tausenden von Motorrädern. Um 12.30 Uhr beginnt der Gottesdienst, der sich von herkömmlichen evangelischen Feiern gar nicht so besonders unterscheidet, auch wenn die Ansprache freier und die Musik poppiger ist (und die Anwesenden bei den Liedern kaum mitsingen). Sein Hauptreiz liegt wahrscheinlich immer noch in dem seltsamen Kontrast der Kulturen, zwischen dem barocken Kirchenraum innen und den lauten Maschinen draußen, zwischen der hanseatischen Halskrause der Pastoren und den schwarzen Monturen in der Gemeinde. Da die Kirche nicht alle Menschen fassen kann, werden die Gebete, Lesungen, Lieder und die Predigt nach draußen übertragen. Bestimmt gibt es auch einige, die lieber mit einem gewissen Sicherheitsabstand daran teilnehmen.

Von Anfang an verfolgte der MOGO eine verkehrspädagogische Absicht. Mit Slogans wie «Fahre nie schneller, als dein Schutzengel fliegen kann» sollen die Teilnehmer zu mehr Vor- und Rücksicht angeleitet werden. Wer Gottesdienst ausschließlich als heiliges Ritual, als Anbetung und Andacht versteht, mag darin eine moralische Funktionalisierung sehen: Gottesdienst als Verkehrsunterricht. Dagegen steht eine lange evangelische Tradition seit der Aufklärung, nach der ein Gottesdienst nicht nur der «seelischen Erhebung» dienen soll. Auch für die Bewusstseinsbildung und die Gewissensschärfung im Alltag – hier beim Verhalten im Straßenverkehr – hat er sich als nützlich zu erweisen.

Vor allem jedoch möchte der MOGO die Teilnehmenden zur Besinnung bringen. Sein Gründer brachte dies in die leicht fassliche Formel: «Der Tank unserer Seele muss gefüllt werden, damit wir auf der Straße unseres Lebens nicht liegen bleiben.» Solche Slogans scheinen anzukommen – nicht zuletzt bei Nichtchristen, wie man in Motorrad-Blogs lesen kann. Doch das wichtigste, existentiellste Motiv dürfte das Totengedenken sein. Jedes Mal wird der Motorradfahrer gedacht, die im zurückliegenden Jahr bei einem Unfall ihr Leben verloren haben. Das verleiht diesem sonst so fröhlichen und vergnüglichen Tag einen unbedingten Ernst. Hieran schließt sich die Bitte um einen Segen an, einen Reisesegen ganz speziell für Motorradfahrer. Der Hamburger MOGO-Pastor kann dabei jedoch nicht, wie etwa sein katholischer Kollege in Köln, die Maschinen segnen. Das ist nach evangelischem Verständnis ausgeschlossen. Aber er kann gelbe Bänder als Zeichen der gemeinsamen Segensbitte verteilen lassen.

Nach dem Gottesdienst bildet sich ein Konvoi von Tausenden Motorrädern mit im Fahrtwind flatternden gelben Bändern und zieht durch die für Autos weitgehend gesperrte Stadt zu einem großen Möbelhaus, um auf dem dortigen Parkplatz zu reden, zu grillen und zu feiern.

Alles zusammengenommen, ist dies etwas, was man früher «Volksmission» genannt hätte. Nur geschieht es ohne Aufdringlichkeit und Bekehrungszwang. Man könnte es auch soziologisch als «populäre Religion unter den Bedingungen einer konsumorientierten Mittelschichtsgesellschaft» bezeichnen – die sich neuerdings aber auf ihre Umweltverträglichkeit hin befragen lassen muss. Es sind hier nicht wie bei der Verehrung der Difunta Correa die Armen auf der Straße, die um Wunder bitten, sondern Freizeitrocker mit der Sehnsucht nach Gemeinschaft und Segen. Auch ist dieser Gottesdienst kirchlich eingebunden. Es gibt einen Pastor (inzwischen den dritten), der mit der Vorbereitung und Durchführung des MOGO beauftragt ist, sowie kirchliche Rahmenstrukturen und Zuschüsse. Dies ist notwendig, denn solch eine Großveranstaltung will in Deutschland ordentlich organisiert sein, auch müssen die vielen Ehrenamtlichen – sie bilden so etwas wie eine eigene Gemeinde – gut begleitet werden. Denn am Ende soll ein – nun ja: «erfolgreiches» Ereignis stehen.

2. Verstecke des Überlebens

Wo sich die letzten iberischen Juden versteckten: Belmonte, Portugal

40° 20′ 8″ nördlicher Breite; 7° 20′ 56″ westlicher Länge

Durch die Leere Nordportugals, dicht an der Grenze zu Spanien, führt eine lange, windungsreiche Straße hinauf nach Belmonte – dem schönen Berg. Oben angekommen, kann man weit über das still daliegende Land schauen, das im Sommer einer mächtigen Hitze, im Winter langer Kälte ausgesetzt ist. Der Weg in den kleinen, uralten Bergort führt an einer verwitterten Burg mit einem mächtigen Wehrturm vorbei, aus groben Steinen fein zusammengefügt.

Die nächste Gasse führt in den Ort hinein, eng zwischen den niedrigen Häusern aus dunkelgrauem Stein hindurch, zu den wenigen Läden und Gaststätten am zentralen Platz. Es scheint ein ganz normales, abgelegenes Provinzörtchen zu sein – wären da nicht diese an einige Hauswände geritzten hebräischen Schriftzeichen. Seltsam, hier im doch so katholischen Nordportugal. Aber sie sind sehr alt und zeigen, dass Belmonte anders ist als alle Nachbarortschaften. Denn hier lebten und leben Marranen.

Ein halbes Jahrtausend ist es her, dass Juden aus Spanien in diese Gegend geflohen sind. Nachdem die allerkatholischsten Könige die «Rückeroberung» ihres Reiches abgeschlossen hatten, zwangen sie 1492 Juden und Muslime zur Taufe oder trieben sie außer Landes. Ebenso ängstlich wie grausam waren sie um die «Reinheit der Lehre und des Blutes» besorgt. Wer sich taufen ließ, um bleiben zu dürfen, stand fortan unter verschärfter Beobachtung der Inquisition. Viele Juden flohen deshalb in den Norden Europas, einige aber gingen über die Grenze nach Portugal. Doch auch dort setzten bald Verfolgungen ein. Wirtschaftlich und wissenschaftlich konnte sich Portugal eine Vertreibung der Juden eigentlich nicht leisten. Denn als Kaufleute, Bankiers, Mathematiker, Kartografen und Astronomen waren viele von ihnen für die junge Kolonialmacht unentbehrlich. Einer der wichtigsten «Entdecker», Pedro Alvarez Cabral, der als Erster Brasilien erreichte und zum portugiesischen Besitz erklärte, stammte übrigens aus Belmonte. Seiner Familie gehörte die Burg. Ein Denkmal erinnert hier an ihn.

Auf dem schönen Berg konnten die bedrängten Juden sich niederlassen und überleben: als Selbstversorger in unwegsamem, abgelegenem Gelände, auf armem, steinigem Grund und Boden, dafür vergleichsweise unbeobachtet von den Mächtigen in den fernen Städten, mit freiem Blick von der Höhe auf das weite Land und möglicherweise unerwünschten Besuch der Obrigkeit. Nach außen hin verhielten sich die Zugewanderten gehorsam gegenüber der Kirche, in die sie hineingetauft waren. Für sich aber blieben sie der Religion ihrer Mütter und Väter, ihren Geschichten, Gebeten und Geboten treu. Da *marranos* ursprünglich ein Schimpfwort war, nennt man sie auch «Kryptojuden». Zum Schein waren sie katholisch geworden, in Wahrheit blieben sie jüdisch. Das gelang ihnen auch deshalb, weil sie nur untereinander heirateten. Ein halbes Jahrtausend lang haben sie sich in Belmonte gehalten und ihre Religion bewahrt. Das wird nicht einfach gewesen sein, denn zum Judentum gehört, dass man bestimmte Regeln einhält. Und es kann auffallen, wenn jemand kein Schweinefleisch isst oder landestypische Gerichte meidet, am Samstag nicht arbeitet oder gar acht Tage lange das Passahfest begeht. Doch größere Verfolgungen und Pogrome scheint es in der langen Zeit nicht gegeben zu haben. Erstaunlich ist auch, dass die Kryptojuden, die keinen Kontakt zu ihren Glaubensgeschwistern hatten, keine Sondertraditionen ausgebildet haben.

Noch heute leben Juden in Belmonte, nur müssen sie sich nicht mehr verstecken oder als Katholiken ausgeben. 1989, als in Mittel- und Osteuropa die Mauern fielen, wurden sie hier endlich als eigenständige Religionsgemeinschaft anerkannt – nach fünfhundert Jahren. 1996 bekamen sie mit Hilfe von jüdischen Organisationen aus dem Ausland eine eigene Synagoge, ein öffentlich sichtbares Haus für die eigene Glaubensgemeinschaft. Es ist einer der wenigen Neubauten des Ortes, ein freundlich wirkender Bau, weiß getüncht im Unterschied zu den Feldsteinhäusern ringsumher. Seither gibt es nicht nur katholische Kirchen in Belmonte. Inzwischen wurde auch ein Museum für die besondere Geschichte der Juden in Belmonte eingerichtet – ein kleines Haus, aber das einzige seiner Art in Portugal.

Jetzt, da ihr Leben im Schatten ein Ende gefunden hat, stellt sich die Frage nach ihrer Zukunft mit neuer Dringlichkeit. Viele, vor allem junge Menschen, verlassen seit Jahren die ländlichen Regionen Nordportugals. Diese Landflucht wird auch die jüdische Gemeinde von Belmonte nicht unberührt lassen, denn inzwischen steht ihren Mitgliedern die Welt offen. Sie könnten nach Lissabon oder Porto, die großen Küstenstädte im Westen, ziehen, über das Meer fahren oder gar die nahe gelegene Grenze im Osten überschreiten und nach Spanien, in die Heimat ihrer Vorfahren, reisen.

Eine verschworene Täufergemeinschaft auf dem Mont Soleil, Schweiz

47° 9′ 32″ nördlicher Breite; 6° 59′ 24″ östlicher Länge

Auf dem Mont Soleil im Kanton Jura befindet sich heute neben einem Windkraftwerk das größte Solarkraftwerk der Schweiz. Doch «Sonnenberg» wurde der mit 1289 Metern höchste Gipfel der Montagne du Droit schon seit Jahrhunderten genannt. Sonnig war es hier früher aber keineswegs. Man kann sich heute kaum noch vorstellen, wie arm, einsam und entbehrungsreich das Leben auf diesem Berg war. Das Klima war hart, kalt und feucht. Außer Wald- und Weidewirtschaft gab es kaum Erwerbsquellen. Erst vor einhundert Jahren wurde diese einsame Höhenlandschaft durch eine Seilbahn erschlossen. Dann kamen der Alpentourismus und die hochmoderne alternative Energiegewinnung hinzu. Sie brachten einen bisher unbekannten Wohlstand in diese Gegend. Zuvor musste man schon gravierende Gründe haben, um sich ausgerechnet hier anzusiedeln.

Vor etwas mehr als dreihundert Jahren kamen nach langen

Umwegen mehrere Familien auf den Mont Soleil. Weitab von den Dörfern im Tal ließen sich die Gerbers, Habeggers, Amstutzes, Ummels, Geisers und andere nieder, errichteten Häuser und bauten sich mit Landwirtschaft und Handwerk bescheidene Existenzen auf. Es waren Täufer. In Bern, wo die reformierte Kirche herrschte, waren sie unterdrückt worden. Zunächst waren sie ins Elsass und in die Pfalz geflohen. Doch als der französische Sonnenkönig Ludwig XIV. diese Gebiete erobert hatte und auch dort seine brutale katholische Religionspolitik durchsetzte, kehrten sie wieder in die Schweiz zurück, jedoch nicht in protestantische Regionen. Es war ausgerechnet der katholische Bischof von Basel, der den Glaubensflüchtlingen Asyl bot, allerdings unter strengen Bedingungen. Die Täufer durften nur auf einer Höhe ab 1000 Metern wohnen. Von den Alteinwohnern und ihren Siedlungen sollten sie sich fernhalten. Jede Form von Mission war ihnen verboten. Dafür aber gewannen sie endlich eine halbwegs sichere Heimat. Seit der Wende vom 17. zum 18. Jahrhundert leben also Täufer auf dem Mont Soleil und bilden im katholischen, französischsprachigen Jura eine radikalprotestantische, deutschsprachige Minderheit – eine kleine, enge, verschworene Gemeinschaft.

Ihre Anfänge liegen im Zürich der Reformationszeit. Unter der Führung von Huldrych Zwingli lehnte sich die Mehrheit der Bürger gegen die Herrschaft der Papstkirche auf und wollte eine evangelische Kirche gründen. Doch einer Minderheit von ihnen war dies nicht genug. Sie stürmten Kirchen, zerstörten Heiligenbilder, Kruzifixe und Orgeln. Sie wollten die alte Staatskirche nicht durch eine neue ersetzen. Vielmehr wollten sie ein radikal christliches Leben führen: mit den Geboten der Bergpredigt und der eigenen, inneren Gotteserfahrung als alleiniger Richtschnur. Das äußere Zeichen, mit dem sie sich von der entstehenden protestantischen Mehrheit unterschieden, war die Ablehnung der

Kindertaufe. Die Zugehörigkeit zur christlichen Gemeinschaft durfte für sie keine Sache der Konvention sein. Sie musste auf einer bewussten Entscheidung beruhen, die man nur als Erwachsener treffen kann. Deshalb ließen sich die Ersten von ihnen ein zweites Mal taufen, was ihnen den Namen «Wiedertäufer» und dann abgekürzt «Täufer» bescherte. Auch politisch unterschieden sie sich von den Mehrheitsprotestanten: Sie verweigerten den Eid und den Militärdienst.

Die Mehrheitsprotestanten begannen sehr bald, die Täufer zu verfolgen. Im Rückblick wirkt dies befremdlich – ja, skandalös. Die Reformation war doch eine Befreiungsbewegung gewesen, die den Glaubenszwang der Papstkirche abschaffen wollte. Und nun setzte sie selbst inquisitorische Mittel gegen Andersgläubige ein? Die Reformierten in der Schweiz waren von Beginn an unterdrückt worden, viele von ihnen waren selbst Flüchtlinge – und jetzt vertrieben sie andere? Man kann diesen Widerspruch am ehesten verstehen, wenn man bedenkt, dass der Gegensatz zwischen den Mehrheits- und den Minderheitsprotestanten nicht nur ein religiöser, sondern auch ein gesellschaftlich-politischer war. Zu Beginn der Neuzeit galt noch selbstverständlich die Vorstellung, dass eine Gesellschaft nur in Frieden und Ordnung bestehen könne, wenn sie auf einem gemeinsamen Glauben beruhe. Gewisse Abweichungen konnten in engen Grenzen geduldet werden, aber ein offener religiöser Gegensatz wurde als Gefahr für das politische Ganze angesehen, mit der man nicht umzugehen wusste. Deshalb war die Unterdrückung der Täufer weniger eine Aufgabe der Kirche als eine Sache der staatlichen Obrigkeit – auch wenn man dies damals nicht eindeutig auseinanderhalten konnte.

Die Täufer aus Bern flohen zunächst aus der Stadt aufs Land, ins Emmental oder Berner Oberland. Von 1534 bis 1540 wurden hundertachtundfünfzig von ihnen, wenn nicht mehr, im Kanton

Bern gefangen genommen, hingerichtet oder ausgewiesen. Doch so leicht ließ sich diese Bewegung nicht auslöschen. Deshalb rief die Obrigkeit öffentlich zu Täuferjagden auf. Es kam zu vielen Verhaftungen, Enteignungen, Vertreibungen und insgesamt etwa vierzig Hinrichtungen. Das letzte Todesurteil wurde 1571 an Hans Haslibacher aus Sumiswald vollstreckt. Wie viele Täufer im Gefängnis, auf der Flucht oder als Galeerensklaven ums Leben kamen, ist nicht bekannt. Es wundert nicht, dass der Name «Zwingli» für die Nachfahren der Täufer noch heute einen schrecklichen Klang hat.

Nach herben Verlusten und im Abseits konnten die Täufer in der Schweiz überleben. Doch gut einhundert Jahre nach der Reformation war es erneut so weit. Als sich die bäuerliche Unterschicht gegen ihre Herren erhob, gerieten auch die Täufer, die bei den Armen viele Anhänger und Sympathisanten gewonnen hatten, ins Visier der Berner Obrigkeit. Diese gründete 1659 die «Committierten zum Täufer-Geschäft», eine eigene Kommission zur Unterdrückung der Abweichler. Zehn Jahre später rekrutierte man sogar Spitzel, denen man für jeden gefangenen Täufer ein Kopfgeld versprach. Bei der Bevölkerung von Bern kam dies nicht gut an. 1693 veröffentlichten die reformierten Berner Pfarrer ein Gutachten, in dem sie berichteten, dass sie von ihren Kanzeln nichts Kritisches mehr über die Täufer sagen könnten, weil «fast jedermann ihnen so wohl gewogen war, dass sie es nicht hören mochten, wenn wir etwas wider sie predigten». Im Zuge dieser langen, schweren Verfolgungswelle flohen die meisten Täufer ins Elsass und in die Pfalz, von wo aus sie dann vor Ludwig XIV. erneut fliehen mussten – nun ins Fürstbistum Basel, auf den Mont Soleil und die umliegenden Höhen.

Erst 1848, mit der Bundesverfassung der Schweiz, erhielten die Täufer die gleichen bürgerlichen Rechte wie die Katholiken und Reformierten. Doch immer noch konnten sie ihren Glauben nicht in voller Freiheit leben. Den konsequenten Pazifisten wurden nun die in der Schweiz üblichen Militärdienste auferlegt. Wieder wanderten viele aus, dieses Mal in die Neue Welt. Eine letzte Gewalterfahrung mussten die Täufer in den 1960er Jahren machen. Im «Jurastreit» kämpfte eine Gruppe französischsprachiger Separatisten für die Loslösung des Juragebiets vom Kanton Bern. Sie schreckten nicht davor zurück, Brandanschläge gegen Bauernhöfe der Täufer zu verüben, weil diese sich aus sprachlichen Gründen zu Bern hielten. Menschen kamen nicht zu Schaden, aber tiefe Erinnerungswunden wurden aufgerissen.

Etwa zweitausenddreihundert Täufer leben heute in der Schweiz. In ihren alten Schutzgebieten in den Bergen des Jura werden es immer weniger. In La Chaux-d'Abel zum Beispiel, keine zehn Minuten Autofahrt vom Mont Soleil entfernt, steht ein Gemeindehaus. Anders als die Kirchen der Reformierten hat es keinen Turm. Allein die hohen, runden Fenster geben dem Gebäude einen leicht sakralen Anschein. Immer noch finden hier regelmäßig täuferische Gottesdienste statt, zu denen sich etwa die Hälfte der fünfzig Gemeindeglieder im großen, mit Holz ausgetäfelten Saal versammelt. An der Front der Kanzel sind die Worte «Seid Thäter des Worts» eingeätzt. Das fasst die Grundeinstellung dieser Christen gut zusammen. Im Mittelpunkt ihres Lebens steht die Bibel. In den schlichten Gottesdiensten wird sie vor allem von Laienpredigern so ausgelegt, dass sie das tägliche Handeln bestimmt.

Jahrhunderte der Verfolgung und Ausgrenzung hat die Gemeinschaft der Täufer überstanden. Doch heute sagt der Generalsekretär der Konferenz mennonitischer Kirchen der Schweiz, Jürg Bräker: «Diese Lebensweise verschwindet. Die meisten sind 60 oder 70 Jahre alt.» Zudem hätten vielfältige interne Konflikte und Trennungen die Gemeinden geschwächt: «Unser Glaubensverständnis ist manchmal zu eng gefasst – und die Täufergeschichte ist durchwegs auch eine Spaltungsgeschichte von Menschen, die sich gegenseitig ausgeschlossen haben. Das spricht für eine Tendenz zur Strenge.» Viele fühlen sich auch von zeitgemäßeren Frömmigkeitsformen aus den US-amerikanischen Freikirchen oder der Pfingstbewegung mehr angesprochen als vom traditionellen Täufertum. Die meisten jedoch wollen das Leben ihrer Vorfahren schlicht deshalb nicht fortführen, weil sie es nicht mehr müssen. Sie sind jetzt freie Bürger, können aus der ärmlich-mühsamen Einsamkeit der Berge in die Städte im Tal ziehen, von den Höhen eines unbedingten Christentums in die Niederungen des guten Lebens wechseln, endlich zur Mehrheit gehören, normal sein, den Glauben nach eigener Fasson leben oder hinter sich lassen. Dann wäre das Ende der Täuferbewegung die Folge ihrer lang ersehnten Befreiung. Aber noch ist in Kapellen wie der von La Chaux-d'Abel der beeindruckende vierstimmige Gemeindegesang zu hören.

Inzwischen hat auch der Tourismus die Täufer im Jura für sich entdeckt. Ein Täuferweg wurde angelegt, auf dem man die Geschichte dieser seltsamen Gemeinschaft auf 33 Kilometern erwandern kann. Eine besondere Station ist die Täuferbrücke, etwa viereinhalb Stunden zu Fuß vom Mont Soleil entfernt. In der Schlucht, die sie überbrückt, fanden geheime Versammlungen und Gottesdienste der Verfolgten statt. Historische Graffiti an der westlichen Felswand zeugen noch heute davon.

Verstecke des Überlebens

3. Pilgerziele für Millionen

Die größte Wallfahrt der Muslime: Kerbala, Irak

32° 35′ 54″ nördlicher Breite; 44° 5′ 30″ östlicher Länge

In endlos scheinenden Reihen ziehen sie die staubige, laute, ungesicherte Landstraße entlang. Es ist ein weiter Weg. Ungezählte Menschen – mehr Männer und Jungen als Frauen und Mädchen – gehen ihn, die Männer bloß in Hose und Hemd oder Umhang, die Frauen schwarz verschleiert, die allermeisten ohne richtiges Schuhwerk, nur in Sandalen oder Latschen. Hupende

Autos ziehen knapp an ihnen vorbei. Sie singen wieder und wieder dieselben, auf Fremde monoton wirkenden Gesänge. Einige tragen oder schwenken grüne oder schwarze Fahnen. Dann und wann stehen am Straßenrand Menschen hinter kleinen Theken und reichen ihnen Wasser oder kommen ihnen mit Tabletts mit Teegläsern entgegen, bieten ihnen Schalen mit Reis und Gemüse an. Manchmal besprühen freundliche Menschen sie mit Rosenwasser, ein Symbol der Reinheit und zugleich eine kurze Erfrischung in der Hitze. Für einen Moment halten sie an, dann ziehen sie weiter und weiter, in ihren endlosen Reihen.

Fast alle Religionen besitzen heilige Orte, an denen sie sich beheimaten. Doch sind sie da nicht einfach zu Hause, regelmäßig müssen die Gläubigen dorthin gehen, von ihrem Zuhause aufbrechen, einen anstrengenden, gefährlichen Weg auf sich nehmen, lange Strecken gehen, um den Ort, wo für sie das Heilige wohnt, aufzusuchen, zu begehen und allererst zur eigenen, eigentlichen Heimat zu machen. Fast alle Religionen leben aus der Spannung zwischen Gott-Haben und Gott-Suchen – einer Spannung, die sich dadurch auflösen oder zumindest mildern lässt, dass man sich selbst in Bewegung setzt und eine Pilgerfahrt antritt. Auch das Christentum ist eine Pilgerreligion, neuerdings empfinden das sogar manche Protestanten so. Aber die meisten und wichtigsten christlichen Wallfahrten sind natürlich katholisch. Die größte ist – laut Wikipedia – die Wallfahrt zur Jungfrau von Guadalupe in Mexiko mit 20 Millionen Pilgern. Erst hierauf folgt Rom mit 18 Millionen Pilgern, die dort verschiedene heilige Stätten besuchen. Andere Religionen erreichen noch ganz andere Zahlen, etwa der Islam, der neben Mekka, Medina und Jerusalem zahlreiche weitere heilige Stätten kennt wie Kairouan in Tunesien, Qom im Iran, Timbuktu in Mali oder das indische Delhi. Die Pilgerfahrt nach Mekka ist mit 2,5 Millionen Teilnehmern jährlich nicht einmal die größte. Zahlenmäßig weitaus bedeutender ist die

Wallfahrt der schiitischen Muslime von Nadschaf nach Kerbala, beide in der Mitte des Irak gelegen, nicht weit vom Euphrat entfernt. Zwischen 12 bis 20 Millionen Pilger – so unsicher die Zählungen auch sein mögen – gehen Jahr für Jahr diesen Weg.

In Nadschaf ziehen die Gläubigen los, die Landstraße entlang, 80 Kilometer bis nach Kerbala. Den Ausgangspunkt bildet das Grab von Abū l-Hasan ʿAlī ibn Abī Tālib, kurz Ali, in Nadschaf. Dieser war als Vetter und Schwiegersohn einer der wichtigsten Nachfolger des Propheten Mohammed. Zudem war er der Vater von Al-Husain ibn ʿAlī, kurz Hussein, dessen Grab in Kerbala das Ziel der Wallfahrt bildet.

In der Stadt angekommen, verdichten sich die langen Schlangen der Pilger zu einer undurchdringlichen Masse. Eine unfassbare Menge von Menschen füllt die Gassen, Straßen und Plätze von Kerbala. Darüber legt sich ein dichtes, lautes Stimmengewirr: Rufe der Vorbeter, knarrend und knarzend aus Lautsprechern, Predigtfragmente und Koransuren, Gesänge der Pilger. Wie ein mächtiger Strom schiebt sich die Menge zwei großen Moscheen mit goldenen Kuppeln und goldenen Türmen entgegen. Mal stockt er, mal scheint er zu beschleunigen. Wie Wasserstrudel werden Gruppen immer wieder zu Kreisen, die miteinander singen und tanzen. Den Takt dieses Menschenflusses bestimmt dabei eine gemeinsame Bewegung aller: Rhythmisch schlagen sich die Pilger auf die Brust, der rechte Arm geht vor, nach oben, auf die Brust, nach unten – unablässig. Dazu singen sie wieder und wieder dieselben Verse. Manche steigern dies, indem sie mit beiden Händen auf ihren Kopf schlagen oder sich mit schweren Eisenketten geißeln. Schritt für Schritt, Schlag für Schlag, Ruf um Ruf geht es vorwärts, Stunde um Stunde. Und wieder stehen am Rand Menschen bereit, um den Pilgern Wasser, Tee, Reis, Gemüse oder Hähnchen zu reichen, damit sie den Weg schaffen bis zum Ziel: die Moschee, die den Imam-Hussein-Schrein in sich birgt, und die Al-Abbas-Moschee, in der Husseins Halbbruder begraben liegt.

Die Wallfahrt zum Fest al-Arbaʿin bildet den Höhepunkt und Abschluss einer heiligen Zeit, die vierzig Tage zuvor mit dem Aschura-Fest begonnen hat. Aschura wird jedes Jahr im ersten Monat des muslimischen Kalenders begangen und erinnert an das große Unglück, das am Beginn des schiitischen Islam steht. Profan betrachtet, handelte es sich dabei um einen gewöhnlichen, wenn auch sehr blutigen Nachfolgestreit aus der Anfangszeit des Islam, der erst nach vielen Jahrzehnten, ja Jahrhunderten dazu führte, dass sich eine muslimische Minderheitskonfession bildete: die Schiiten. Nachdem der Prophet Mohammed gestorben war, versuchten verschiedene Mitglieder seiner Familie die Leitung seiner jungen Gemeinschaft zu übernehmen. Schon bald setzten sich einige Anführer des Umayyaden-Clans durch, dem Mohammed angehört hatte. Der dreiundfünfzigjährige Hussein, Mohammed-Enkel und Sohn des Kalifen Ali, sah sich an den Rand gedrängt und wagte es, den Kampf gegen sie aufzunehmen. Mit zweiundsiebzig Getreuen – Verwandten und bewaffneten Sklaven – machte er sich im Jahr 680 christlicher Zeitrechnung auf nach Kufa, einer ersten «Hauptstadt» der neuen Bewegung, in der Mitte des heutigen Irak. Doch die kleine Truppe der Freischärler wurde am 10. Oktober bei Kerbala gestellt und schnell vernichtet. Hussein wurde getötet, ebenso wie sein Halbbruder Abbas und alle anderen Mitkämpfer. Aus der Ferne betrachtet, erscheint dies weniger wie eine «Schlacht von Kerbala» als wie eine kleine, von Anfang an aussichtslose und sofort unterdrückte Guerillaattacke. Doch für die Schiʿat Ali, die Partei Alis, sollte daraus ihre Gründungslegende werden, die sie wieder und wieder erzählte, dabei ausschmückte und in ihre Gegenwart fortsetzte.

So wird zum Aschura- und zum al-Arbaʿin-Fest eine herzzerreißende Passionsgeschichte erzählt: wie der einzig wahre und würdige Nachfolger des Propheten sich todesmutig aufmachte, um die verdorbenen Usurpatoren und Menschenschinder vom Thron zu stoßen, sich mit einer kleinen Gruppe von Gerechten gegen eine Übermacht der Korrupten stellte, dann aber tragisch besiegt wurde und alle den Märtyrertod starben. Dabei rückt im Gedenken der gefallene Rebell in immer höhere Sphären: Hussein ist der Märtyrer schlechthin, der Gottesknecht, der stellvertretend für alle steht, die zu Unrecht Gewalt erleiden und für ihren Glauben sterben. Von den Siegern der islamischen Geschichte, den Sunniten, wird er bis heute nicht anerkannt, aber von den Verlierern wird er wie ein Messias, fast so wie Mohammed selbst verehrt. Dies findet im Aschura-Fest seinen Ausdruck in Passionsprozessionen, bei denen die Gläubigen singen, weinen, sich schlagen und sogar geißeln, sowie in Passionsspielen, die das Urtrauma nachinszenieren. Manches daran erinnert an das Christentum und katholische Passionsrituale.

Im Gedenken an Hussein kann dieser auch heute noch als gegenwärtig erfahren werden, und zwar in sehr unterschiedlichen Stimmungslagen: abgrundtief traurig und schmerzerfüllt beim Aschura-Fest oder hoffnungsvoller, mit einem Gefühl des Aufbruchs, im massenhaften Gewühl des al-Arbaʿin-Festes. Es ist kein Ostern mit wunderbarer Auferstehung, die Trauer um Hussein bleibt weiterhin das dominierende Thema. Aber vierzig Tage nach Aschura endet die traditionelle Trauerzeit. Der Legende nach hatte Husseins Schwester die Feinde dazu gebracht, ihr seinen Leichnam zu übergeben, so dass sie ihn an diesem Tag beisetzen konnte: Seine Seele fand endlich Ruhe und Frieden. So mischt sich jetzt in die Traurigkeit ein anderer Ton. Immer noch schlagen sich all die vielen Pilger im Rhythmus auf die Brust oder den Kopf, rufen wieder und wieder: «Dir zu Diensten, o Hussein!» Dabei ziehen sie dichtgedrängt durch Kerbala, Körper an Körper, viele wie in Trance, anscheinend erschöpft und begeistert zugleich, verzweifelt und selig in derselben Bewegung, in der sie in einer höheren Einheit aufgehen und endlich bei ihrem Geliebten angekommen sind.

Die Journalistin Nemi El-Hassan beschreibt es so: «Nun sind wir auf dem Platz zwischen den beiden Schreinen angekommen, dem Baynol Haramayn, 150 Meter lang. Vor dem Schrein Husseins dauert es sehr lange, die Schuhe abzugeben. Wir gelangen schließlich ins Innere. Ich blicke auf die mit bunten Mosaiksteinen bedeckten Wände, auf Marmorböden, riesige Holztüren und kristallene Kronleuchter. Und dann: das Grab. Es wird von einem metallenen Gerüst überdacht. Alle Besucher strömen auf dieses Ziel zu. Dort angekommen, werfen sie Stoffstreifen auf das Dach des Gerüsts, um etwas von sich an diesem heiligen Ort zurückzulassen. Sie sprechen mit Hussein, der für sie scheinbar lebendig ist, vergießen Tränen und berühren die Metallstäbe, als wären diese das Gesicht eines lange Zeit vermissten Freundes. Auch mich überkommt ein Gefühl tiefer Trauer und gleichzeitig von Glück, weil ich so nahe bei Hussein sein darf.»

Anders hat ein Freund dieses Pilgerfest erlebt, der 2004 in Nadschaf war. Befremdet hat er sich gefühlt, aber keineswegs bedroht, konnte er doch aus einem sicheren Abstand zuschauen, fast mit einer gewissen Kälte. Dabei kam er ins Nachdenken – weniger über die Kultur als über die Physiologie dieser religiösen Tradition: Das lange gemeinsame Gehen muss diesen Menschen schon allein körperlich guttun, sie fokussieren, ihre inneren Spannungen lösen, sogar ihre selbstzugefügten Schmerzen lindern.

Als Westeuropäer staunt man, wie solch eine Wallfahrt von so vielen Menschen logistisch überhaupt möglich ist. Millionen pilgern aus dem Irak, dem Iran, Afghanistan, Pakistan oder dem Kaukasus nach Kerbala, wo die öffentliche Infrastruktur schwach ist und die Sicherheitsvorkehrungen mangelhaft. Doch man behilft sich. Kinder werden mit Schals an ihre Eltern gebunden, damit sie nicht verloren gehen. Die in Tschadors gehüllten Frauen tragen gelbe beschriftete Tücher über der Schulter, damit man sie auseinanderhalten kann. Für kostenloses Essen und Trinken sorgen die Einwohner der Stadt und muslimische Stiftungen. Auch für Schlafunterkünfte und Hygiene wird gesorgt, irgendwie. Dennoch, diese Pilgerreise ist eine Strapaze – so wie es Banner am Straßenrand verkünden: «Unser letztes Hemd geben wir für dich, o Hussein.»

Diese Wallfahrt ist ein Opfer, im allerernstesten Sinn des Wortes, eine Sache auf Leben und Tod. Im September 2019 starben bei einer Massenpanik über dreißig Menschen. Mehr noch als solche regelmäßigen Unfälle bedroht politische Gewalt Kerbala. Terror hat hier eine lange Geschichte. Unvergessen ist, wie 1802 saudische Beduinen die Stadt überfielen, plünderten, verwüsteten und viele schiitische Pilger ermordeten – im Namen eines Mehrheitsislam, der sich schon damals zu radikalisieren begann. Dieses zweite große Trauma von Kerbala fand an der Wende vom 20. zum 21. Jahrhundert mehrere fatale Echos: Während der Diktatur der Baath-Partei waren große Wallfahrten nach Kerbala untersagt; als Schiiten nach dem Zweiten Golfkrieg 1991 in Kerbala und Umgebung aufbegehrten, schlug Saddam Hussein sie brutal nieder. Nach seinem Sturz 2003 fanden die Wallfahrten endlich wieder statt, und Millionen Pilger kamen; doch in die Menge mischten sich sunnitische Terroristen; 2003 starben bei Bombenanschlägen zunächst 12, 2004 dann über 300, 2007 immerhin 42 Menschen, und 2019 waren es 13 Menschen. Dennoch lassen die Verehrer Husseins sich nicht von ihrer Pilgerreise nach Kerbala abhalten. Es könnte sein, dass dieser Märtyrermut ein wesentlicher Teil ihrer Wallfahrt ist.

Die unglaublichste Menschenansammlung aller Zeiten: Allahabad, Indien

25° 26' 17" nördlicher Breite; 81° 50' 2" östlicher Länge

Wer die Wallfahrten von Kerbala «groß» nennt, wird Schwierigkeiten haben, das richtige Adjektiv für das Pilgerfest von Allahabad zu finden. Zu Spitzenzeiten sollen 100 Millionen Inder daran teilnehmen. Oder sind es 120 Millionen? Hierzulande erfährt man eher wenig davon. Zwar berichten inzwischen auch westliche Medien darüber, doch über zweiminütige Fernsehbeiträge, vereinzelte bunte Bilder in Magazinen oder auf den Reiseseiten der Zeitungen geht dies kaum hinaus. Dabei offenbart sich bei der Kumbh Mela, dem «Fest der Nektarschale», eine für Europäer fremde Welt, die das, was Pilgern heißt, ja was Religion überhaupt bedeutet, in eine ganz andere Dimension rückt. Dieses Fest und die feiernden Pilgermassen wirken wie ein Zauberspiegel, in dem westlich und christlich geprägte Betrachter die eigene Besonderheit und Fremdheit wahrzunehmen vermögen: Es könnte doch sein, dass nicht «die anderen», sondern «wir» die Ausnahme sind.

Allahabad ist eine für indische Verhältnisse kleine Millionenstadt im Bundesstaat Uttar Pradesh im Nordosten des Subkontinents. Erst 2018 wurde sie in «Prayagraj» umbenannt – dies leitet sich aus dem Sanskritwort für «Opferstätte» ab. Denn die mächtigen Hindu-Nationalisten hatten sich über den ursprünglich muslimischen Namen der «Stadt Allahs» erregt. Für Hindus ist die ansonsten wenig auffällige Stadt von besonderer Bedeutung, weil hier die beiden heiligen Flüsse Ganges und Yamuna zusammenfließen. Nach hinduistischer Mythologie verbindet sich mit ihnen hier als Drittes auch der unsichtbare Fluss Sarasvati. An den Ufern von Allahabad/Prayagraj liegt der Nabel der indischen Welt, der Triveni Sangam.

Hier findet das Pilgerfest Kumbh Mela statt. In einem Rhythmus, der je nach Stellung von Sonne, Mond und Jupiter astrologisch berechnet wird, wechseln sich die Städte Allahabad / Prayagraj, Haridwar, Ujjain und Nashik als Austragungsorte ab. Diese Rotation verbindet sich mit einem komplizierten Wechsel der Feste selbst, von denen es fünf Arten gibt, die in kürzeren oder sehr weiten Abständen gefeiert werden. Die Kumbh Mela findet reihum alle drei Jahre im Januar und Februar statt, also einmal in zwölf Jahren in Allahabad / Prayagraj – ein Höhepunkt im Festzyklus. Wenn sich dieser Zwölf-Jahres-Rhythmus zum zwölften Mal vollzieht, also alle 144 Jahre, wird das große Maha Kumbh Mela begangen. Dies war 2013 der Fall. Während der fünfundfünfzig Festtage kamen 90 bis 100 Millionen Menschen zusammen, am wichtigsten Tag allein etwa 35 Millionen. Sechs Jahre später, bei der regulären Kumbh Mela 2019, sollen es sogar über 100 Millionen Pilger gewesen sein.

Die Festlegende weist weit zurück zum Anfang aller Dinge: Aus dem Urmeer, dem Milchozean, schöpften Götter und Dämonen gemeinsam den Nektar der Unsterblichkeit, doch dann entbrannte zwischen ihnen ein Kampf um den Krug (oder die Schale) mit der kostbaren Essenz, dabei fielen vier Tropfen auf die Erde – dorthin, wo heute die Städte Allahabad / Prayagraj, Haridwar, Ujjain und Nashik liegen. Wer nun beim «Fest der Nektarschale» dort badet, wo Ganges und Yamuna (sowie der unsichtbare Sarasvati) zusammenfließen, wird von aller Unreinheit befreit und empfängt ewige Erlösung.

Deshalb besteht der Hauptritus der Kumbh Mela schlicht darin, am rechten, weil allerheiligsten Ort zum besten, weil glückseligsten Tag ein Bad zu nehmen, das Wasser der vereinigten Flüsse zu trinken, es in alle Körperöffnungen einzulassen oder sich mit dem Flussschlamm die Zähne zu putzen. Das Wasser gilt als «Honig der Unsterblichkeit», der die Sünden abwäscht und aus der elend-ewigen Wiederkehr des Lebens rettet. Irdischere Hoffnungen richten sich darauf, dass das Wasser von Ganges und Yamuna von Krankheiten heilt, weshalb viele Pilger es in Flaschen mit nach Hause tragen. Fremden dürfte dies als nicht unbedenklich erscheinen, denn die real existierenden Flüsse sind heute stark verschmutzt. Doch für gläubige Hindus ist dieses Bad sicherlich der Höhepunkt ihres Lebens.

Liest man über die Kumbh Mela, begegnen einem wieder und wieder die gleichen Wörter: «Sünde», «Buße», «Vergebung», «Erlösung». Doch dies sind – es lässt sich ja kaum vermeiden – christliche Begriffe. Ihnen liegt ein ethisches Verständnis von Religion zugrunde: Der Mensch ist von Gott zum Guten berufen, doch fällt er immer wieder in Sünde, von der er sich lossagen und von Gott freigesprochen werden muss, um das irdische Leben zu bestehen und das ewige zu erlangen. Ob es den Badenden von Allahabad / Prayagraj darum geht – oder vielleicht eher darum, eine rituelle Unreinheit loszuwerden und aus dem Kreislauf des Lebens auszubrechen, also das schwere, schmutzige, schmerzgeplagte Leben ihres Ichs zu überwinden?

Das heilige Bad mag auf ein Jenseits aller Dinge ausgerichtet sein, das Pilgerfest führt einen jedoch mitten hinein in das volle, laute, getriebene Diesseits einer immensen Menschenansammlung. Hier gibt es nirgends Leere und Stille. Von weither kommen die Pilger: in überfüllten Zügen, knatternden Bussen und hupenden Jeeps, auf klapprigen Fahrrädern oder überladenen Eselskarren. Viele gehen auch zu Fuß, mit nichts in der Hand und ihren Bündeln auf dem Kopf. Besonders Fromme gehen 28 Schritte, dann legen sie sich mit dem ganzen Körper auf die Straße, stehen wieder auf, 28 Schritte, hinlegen, aufstehen und so weiter – zehn Stunden am Tag, viele, viele Kilometer lang, kurz vor dem Ziel wälzen sie sich im Staub.

Endlich angekommen, öffnet sich ihnen am Ufer von Allahabad/Prayagraj eine riesige Stadt auf Zeit, eine Metropole aus Zelten, Leichtbauhallen und Hütten, mit Straßen und Plätzen, Stadtteilen und Stadtteilzentren, verteilt auf ungefähr 50 Quadratkilometer, für über fünfzig Tage. Wie man sich hier orientieren und seine Wege finden kann, bleibt dem Ausländer unverständlich. Ebenso verstörend wirken auf ihn die vielen lauten Geräusche.

Der Schriftsteller Ilija Trojanow hat es so beschrieben: «Wir wachen jeden Morgen vor der Dämmerung auf. Unfreiwillig. Wir hören, wie Gott in hundertundacht Namen angerufen wird. Wir hören zirpende Pfeiflaute und aufgepeitschte Stimmen, und wenn wir unsere Köpfe aus dem Zelt herausstrecken, blicken wir in einen Nebel von Gesängen. So wie unser Weckruf wird auch der restliche Tag klingen, ein Nagelbett aus Geräuschen, Aufrufen, Gebeten, Durchsagen, meist dem verzerrenden Klang billiger Lautsprecher ausgeliefert. Jedes Gebet wird von unzähligen anderen Gebeten umlagert, jedes Flehen holt sich die Verstärkung, die es finden kann. Am lautesten wird das Mantra des Friedens und der Stille geplärrt: Shan-ti … ooooooooooooom.»

Hinzu kommen Gerüche, die das Fassungsvermögen europäischer Nasen übersteigen, von all den Feuerstellen, an denen Menschen sich wärmen, auf denen sie kochen oder Opferrituale vollziehen, überall Rauch. An Schlaf ist in diesen Tagen und Nächten kaum zu denken. Das erlösende Bad ist umgeben von einer Überfülle an Spektakeln: Unablässig singen und beten die Gläubigen, zeigen fahrende Sänger, Geschichtenerzähler und Musikgruppen ihre Künste, stellen Schauspieler die heiligen Geschichten dar, halten weise Männer den Pilgern Vorträge und Predigten, und natürlich bieten Händler rund um die Uhr ihre Waren feil, überall wird etwas zu essen und zu trinken verkauft.

Dann geht es ins Wasser, in langen Schlangen auf wackeligen Pontonbrücken zum Triveni Sangam (die Wohlhabenden lassen sich allerdings mit Booten dorthin bringen). Hier nun strömen die Menschen zusammen, so wie Flüsse ineinanderfließen. Aus der Ferne bietet sich das Bild einer langsam rhythmischen Bewegung einer schier unendlichen Masse von Menschen auf ein Ziel und eine Handlung hin. Aus der Nähe betrachtet aber – etwa mit Hilfe der eindrucksvollen Fotoreportage von Thomas Dorn –, erkennt man, wie sich dieser Menschenfluss aus unendlich vielen einzelnen Tropfen zusammensetzt. Am Sehnsuchtsort angekommen, waschen sich die Pilger, übergießen sich, tauchen unter, trinken, beten still, singen, tanzen, lachen, rufen: «Mata Ganga ki-jay! – Es lebe Mutter Ganges!» Jeder, wie er mag, jede, wie es ihr gefällt. So viele und so unterschiedliche Menschen: alt, jung, Mann, Frau oder Kind, gesund oder krank, reich und arm, mit jeweils einer individuellen Lebensgeschichte und einem unverwechselbaren Gesicht – verbunden durch das rotweiße Staubmal der Pilger und die innige Freude, sich endlich allen Schmutz, alle Schmerzen abzuwaschen.

Doch das Baden ist nur der eine Teil des Festes, der andere sind die Begegnungen mit den heiligen Männern. Denn zur Kumbh Mela kommen ungezählte Asketen, Eremiten, Mönche und Weise – Swamis, Gurus und Sadhus – zusammen. Das ist eine einmalige Gelegenheit für die Pilger, denn viele dieser Heiligen leben so zurückgezogen, dass man sie nur hier, nur alle zwölf Jahre zu Gesicht bekommt. Je nach Ordenszugehörigkeit oder spiritueller Ausrichtung siedeln sie sich in unterschiedlichen Camps an, ziehen in gesonderten Prozessionen durch die Pilgerstadt, marschieren auf jeweils eigenen Routen zum Bad, zeigen ihre besonderen Frömmigkeitspraktiken: Einige sind nackt und nur mit Asche eingerieben, sie haben ihre Haare und Fingernägel seit Jahren nicht geschnitten, andere haben getrockneten Dung heiliger Kühe in ihre Frisurtürme eingewickelt und trinken deren Urin, einige verharren stundenlang in den erstaunlichsten Yogastellungen, andere wiederum stehen tage-, nächte-, monate- und jahrelang, ohne sich hinzusetzen. Man staunt und erschrickt über diese virtuosesten Leistungen des Verzichts und der Entsagung. Prächtig geht es dagegen bei vielen Prozessionen zu: Auf geschmückten Pferden, Kamelen, Elefanten oder Festwagen ziehen Gurus unter festlicher Musik umher, werfen Blumenblüten herab und lassen sich von den Pilgern huldigen. Durchaus furchteinflößend dagegen sind martialische Bruderschaften, die mit Säbeln und anderen, nicht nur symbolischen Waffen durch die Straßen stürmen. In den Camps der Bruderschaften sitzen schließlich Gurus in langen Reihen auf dem Boden, Pilger nähern sich ihnen ehrfürchtig, bitten um Rat, Heilung und Segen, überreichen ihnen Spenden. Es liegt übrigens ein dichter Marihuanadunst über der ganzen Szenerie, denn das Kiffen gilt den heiligen Männern als legitimer Genuss und spirituelle Übung.

Viele Orden und Bruderschaften nutzen die Kumbh Mela, um neue Mitglieder feierlich aufzunehmen und zu weihen. Aus sehr unterschiedlichen Gründen streben Männer nach der Initiation zum Sadhu und damit zum Beginn eines strikt asketischen Lebens. Einige sind wohl einfach sehr fromm und sehnen sich nach Erlösung, andere fliehen vor Armut und Ausbeutung, einige vor einer allzu engen Gesellschaft und vielleicht sogar der Polizei, manche dürften – nach europäischen Begriffen – psychisch krank sein. Aber während all solche Aussteiger in westlich-modernen Gesellschaften keinen eigenen Ort finden, höchstens von der Grundsicherung des Sozialstaates aufgefangen würden, wenn sie nicht in die Obdachlosigkeit abrutschten oder man sie in die Psychiatrie oder ins Gefängnis steckte, so besitzen sie hier als Sadhus eine anerkannte Lebensform, empfangen Versorgung und Verehrung, üben bedeutsame religiöse Ämter aus. Sie kommen der Welt abhanden und finden genau dadurch einen Platz in der Gesellschaft der hinduistischen Religion, empfangen Erlösung und Anerkennung – ja Macht.

Ein Freund meiner indischstämmigen Nachbarin fuhr 2013 zur großen Kumbh Mela nach Allahabad. Quartier fand er in einem Aschram für westliche Besucher, der etwas abseits auf einem Hügel lag. Von diesem ruhigen Aussichtspunkt aus konnte er auf das von Energie vibrierende Gewühl schauen, tags auf die ungezählten Menschen und nachts auf das Lichtermeer am Gangesufer. Wie ein überdimensionierter Bienenstock sei ihm die temporäre Stadt erschienen. Als er hinunter- und hineinging, merkte er schnell, dass er keine Angst zu haben brauchte. Es sei für ihn wie ein Bad in der Menge gewesen. Die Paraden der Saddhus hätten ihn an deutsche Karnevalsumzüge erinnert. Ob all diese Wunderasketen wirklich heiligmäßig leben würden – da habe er allerdings Zweifel. Erstaunt hätten ihn auch die gar nicht so wenigen jungen westlichen Frauen, die mit ihren Star-Saddhus umherzogen. Aber deutlich habe er wahrgenommen, dass im Kern dieses exotischen Riesenwirbels eine spirituelle Kraft wirksam gewesen sei. Sie zeigte sich ihm immer dann, wenn er einzelne, einfache Menschen betrachtete, die beim Baden oder Beten auf eine innige und stille Weise einfach nur glücklich wirkten.

Um eine solche, global einzigartige Versammlung durchzuführen, bedarf es eines extremen Aufwands, der sich lohnen muss und der natürlich mit religiösen, wirtschaftlichen, politischen Interessen verbunden ist. Eine temporäre Stadt – so groß wie zwei Drittel von Manhattan – ist zu planen, zu errichten – auf sehr schwierigem Baugrund, an einem Fluss, in Monsungebiet – und zu betreiben, Zelte und Lager sind aufzubauen, um Abermillionen von Menschen zu beherbergen. Es ist für einen halbwegs geordneten Verkehr mit befahrbaren Straßen, Pontonbrücken in den Fluss, für Strom und Licht zu sorgen. Öffentliche

Hygiene ist außerordentlich wichtig, damit keine Epidemien ausbrechen. Über hundertzwanzigtausend Toiletten sind aufzubauen. Müll muss gesammelt und entsorgt werden – 2013 wurde übrigens versucht, eine «grüne Kumbh Mela» ohne Plastiktüten zu begehen. Für die Mittellosen muss es eine Gratisverköstigung geben. Man braucht Krankenstationen, Büros für Geldgeschäfte, Läden, eine Feuerwehr. Nicht zuletzt ist für Sicherheit zu sorgen. Schnell kann es bei diesen Massen zu gefährlichen Verdichtungen oder tödlichen Massenpaniken kommen. Mit harter Hand und einem locker sitzenden Stock dirigieren deshalb Polizisten die Pilger auf ihren Wegen zum oder aus dem Ganges. Schließlich muss sich jemand darum kümmern, dass Menschen, die sich aus den Augen verloren haben – und das geschieht leicht –, einander wiederfinden. In einem eigenen Zentrum für vermisste Personen werden im Laufe der Festtage Zehntausende hilfloser Kinder, Frauen und Männer aufgenommen, ihre Namen auf kleinen Zetteln notiert und über Lautsprecher ausgerufen – das wohl wichtigste Werk der Barmherzigkeit der Kumbh Mela.

2013 hat eine große und interdisziplinäre Forschergruppe aus Harvard die Stadtplanung, Architektur, Infrastruktur, das Gesundheits- und Sicherheitswesen, die Wirtschaft und natürlich auch die religiöse Kultur der Kumbh Mela untersucht. In ihrem beeindruckenden Buch zeigt sie, was für eine Leistung es ist, solch eine *pop-up megacity* zu bauen und halbwegs unfallfrei zu betreiben – man kann fast von einem modernen «Weltwunder» sprechen.

Möglich machen dies die Pilger und die religiösen Schulen selbst, aber auch reiche Patrone. Nicht zuletzt der hindu-nationalistischen Regierung ist dieses Festival ein wichtiges Anliegen. Deshalb sorgt sie mit für einen halbwegs reibungslosen Ablauf, platziert dabei aber auch riesige Wahlplakate und Porträts des Premierministers Narendra Modi.

Die Kumbh Mela ist ein uraltes Ritual. Zum ersten Mal wurde sie im 7. Jahrhundert von einem chinesischen Reisenden schriftlich erwähnt. Doch zu einer so gigantischen Veranstaltung wurde sie erst in den vergangenen beiden Jahrzehnten. 1903 kamen lediglich vierhunderttausend Pilger zum erlösenden Bad. Hinter den heutigen Rekordzahlen steht auch der Wunsch, die Kumbh Mela zu einem Symbol der religiösen und politischen Einheit Indiens zu machen, zu einer strikt hinduistischen Einheit wohlgemerkt. Muslime, Christen und andere religiöse oder ethnische Minderheiten sollen nicht zu dieser indischen Nation gehören. Das ist nicht nur politisch hochgefährlich. Hier zeigt sich auch ein religiöser Selbstwiderspruch der Hindu-Nationalisten.

Denn wenn die Kumbh Mela etwas symbolisch darstellt, dann ist dies weniger Einheit und Geschlossenheit als unendliche, ungebändigte Vielfalt. So viele religiöse Schulen und Meister, Gottesdienste und Frömmigkeitsübungen aus verschiedensten Epochen und Traditionen bewegen sich hier weitgehend friedlich neben- und miteinander, dass die Forscher aus Harvard die Kumbh Mela als das «größte ökumenische Ereignis der Welt» bezeichnet haben. Für diese unauslotbare Fülle aus Archaischem und Modernem, Eigenem und Fremdem haben Hindu-Nationalisten offenbar kein Verständnis. Indem sie krampfhaft-aggressiv einen fundamentalistischen Block als den «Wesenskern» indischer Religion durchzusetzen versuchen, betreiben diese selbsternannten Verteidiger des Hinduismus in Wahrheit dessen Verarmung. Es wäre gut für Indien, seine Demokratie, seine unterschiedlichen religiösen und ethischen Gemeinschaften, nicht zuletzt für die Hindus selbst, wenn das Bewusstsein dafür wachsen würde, dass die indische Religion ein lebendiger Fluss ist, ein Zusammenfluss aus mehreren Quellen. Am Beispiel der Kumbh Mela lässt sich das bestens studieren.

Wird man aber als westlicher Mensch dieses Fest wirklich

jemals verstehen können? Ein alter Witz gibt folgende Antwort. Einmal ging ein europäischer Weltreisender am Ufer des Ganges spazieren. Da fand er eine Flasche. Er hob sie auf, öffnete sie, und heraus stieg ein Geist. «Ich danke dir, Fremder!», sagte der Geist. «Du hast mich aus einer tausendjährigen Gefangenschaft befreit. Deshalb hast du jetzt einen Wunsch frei. Worum du mich bittest, will ich dir geben.» Da freute sich der Fremde: «Wie schön! Dann bau mir doch bitte eine Brücke, die von hier nach Europa führt. Denn ich möchte schnell nach Hause.» Der Geist runzelte die Stirn: «Das ist ein zu großer Wunsch!» Der Fremde lenkte ein: «Na, dann erklär mir stattdessen, was Hinduismus ist.» Da seufzte der Geist aus der Flasche: «Nun gut, welche Farbe soll die Brücke haben?»

4. Geteilte Gotteshäuser

Die Grabhöhle der Patriarchen in Hebron

31° 31′ 29″ nördlicher Breite; 35° 6′ 37″ östlicher Länge

Zwei sehr kurze Filme sind es und zugleich zwei wunderbare Kunstwerke. Der erste zeigt in nur vier Minuten dieses: Männer und Jungen mit Kippa oder Hüten auf dem Kopf, einige mit

Schläfenlocken, räumen einen weiten Kellerraum auf, hängen Bilder mit hebräischen Versen ab, rollen Banner ein, schließen Bücher weg, schieben ein Lesepult fort, schrauben Schränke zu, schieben Paravents davor. Sie tun dies ruhig, routiniert, ohne Gerede. Bis der Keller mit seinen Gängen, Sälen und Nischen leer und alles still ist und nur noch die grell flackernden Lampen und die Ventilatoren für Bewegung sorgen. Dann erscheinen schwer bewaffnete Soldaten und inspizieren die Leere. Anschließend öffnet eine Soldatin, die einzige Frau in diesem Clip, eine grüne Doppeltür. Hinein kommen Männer und Jungen ohne Kopfbedeckung, dafür auf Strumpfsocken, schauen sich um, schleppen Teppiche in allen Farben und Mustern heran, fegen sie ab und legen sie ruhig und routiniert über den alten Steinplatten aus, so dass am Ende ein riesiges abstraktes Gemälde auf dem Boden entsteht.

Der zweite Film zeigt in vier Minuten das Spiegelbild hierzu. Nun sind es die Männer und Jungen ohne Kopfbedeckung und auf Strumpfsocken, die das weite Kellergewölbe ausräumen. Sie rollen ihre Teppiche zusammen und tragen sie fort, hängen Bilder ab, packen Bücher in Schränke, schieben Metallabsperrungen davor. Bis wieder alles leer und still ist, besenrein. Wieder erscheint eine schwer bewaffnete Patrouille zur Inspektion, um danach die grüne Tür zu öffnen. Nun kommen Männer und Jungen mit Kippa und Hüten auf dem Kopf und in Schuhen, holen ihre Sachen wieder hervor, hängen Banner mit hebräischen Versen über arabische Wandinschriften und stellen Stühle auf die nackten Steinplatten für eine festlich gekleidete Gemeinde, Männer und Frauen, die hineinströmen mit freudigen Gesichtern und klickenden Fotoapparaten.

Beide Kurzfilme kommen ohne Kommentar aus. Fast wären es Stummfilme, wenn es nicht diesen Soundtrack gäbe, fein choreografierte, rhythmische Geräusche des Ein- und Ausräumens,

Hin- und Herschiebens und dazwischen viel Stille. Doch die Titel der beiden Filme signalisieren höchste Bedeutsamkeit: «ABRAHAM ABRAHAM» heißt der erste, «SARAH SARAH» der zweite Film. Geschaffen hat sie die 1969 geborene israelische Künstlerin Nira Pereg im Jahr 2012. Eigentlich sind sie Teile einer aufwendigen Videoinstallation, aber man kann sie sich auch im Internet als schlichte Clips ansehen. Und man schaut sie wieder und wieder an, denn sie zeigen aus einer künstlerischen Perspektive einen seltsamen Ritus an einem religiös extrem aufgeladenen Ort.

Die Höhle Machpela befindet sich in Hebron, also in der Westbank, die 1967 von Israel im Sechstagekrieg erobert wurde und seither besetzt wird. Hier sollen sich nach jüdischer und islamischer Überlieferung die Gräber der Stammväter beziehungsweise Propheten Abraham (Ibrahim), Isaak (Ishaq) und Jakob (Yaqûb) sowie ihrer Frauen Sarah, Rebekka (Rifqa) und Lea (Lîya) befinden. Allen drei monotheistischen Weltreligionen gilt diese Höhle als einer ihrer heiligsten Orte. Allerdings offenbart sie, dass dieser gemeinsame «abrahamitische» Schatz die Erben weniger verbindet als einander gegenüberstellt.

Die «Höhle der Patriarchen» – oder besser: der dichte Gebäudekomplex aus herodianischer Umfangsmauer, einer Synagoge, zwei Moscheen, Minaretten, Grabbauten, Vorräumen, Gängen und Treppen aus unterschiedlichen Epochen, der seit der Antike darüber und daneben gewachsen ist – wird heute nach einem komplizierten System von Juden und Muslimen gemeinsam genutzt. Der weitaus größere Teil gehört den Muslimen und ihrer Moschee, die auf eine christliche Kirche aus dem 7. Jahrhundert zurückgeht, ein kleinerer Teil den Juden und ihrer Synagoge. So kann jeder auf seinem Teilgebiet seine Gebete sprechen. Doch zehnmal im Jahr, zu hohen Feiertagen, darf jeweils eine der beiden Parteien das ganze Areal für sich allein beanspruchen, allerdings nur für vierundzwanzig Stunden. Dann kommt es zu dem rituellen Ein- und Ausräumen. Zwischen beiden Religionen steht das israelische Militär, das den korrekten Ablauf wie eine Kriegsaktion überwacht und die Gewaltlosigkeit in dieser Hochsicherheitszone garantiert.

Hebron ist die zweitheiligste Stadt des Judentums, nach Jerusalem, und die viertheiligste des Islam, nach Mekka, Medina und Jerusalem. Lange war Hebron eine fast ausschließlich arabische Stadt: al-Chalîl, was wie Hebron «Freund» bedeutet, nach Abraham, dem «Freund Gottes». Nach dem Ersten Weltkrieg siedelten sich zunehmend Juden an. Die Spannungen entluden sich 1929 in einem Pogrom. 67 Juden wurden von einem arabischen Mob ermordet. Doch 435 Juden überlebten, weil arabische Nachbarn sie unter Lebensgefahr bei sich versteckten.

Unter den Osmanen, aber auch noch unter den Briten und Jordaniern war Juden und Christen der Zutritt verwehrt. Das änderte sich erst 1960. Nach dem Sechstagekrieg übernahm Israel die Herrschaft über Hebron. Doch der Zugang zur Höhle blieb in muslimischer Hand, und die zugemauerte Höhle selbst zu betreten war seit dem Ende des 15. Jahrhunderts auch Muslimen verboten. Niemand wusste, wie die Gräber selbst aussehen.

1968 entschloss sich der israelische Verteidigungsminister und Hobbyarchäologe Mosche Dayan zu einer Nacht-und-Nebel-Aktion: Durch ein enges Loch in der Decke der Höhle ließ er ein Kind hinab, das die Höhle heimlich erkundete und beschrieb. 1981 kam es zu einer weiteren heimlichen archäologischen Erkundung der Höhle von israelischer Seite. Seitdem konnte die uralte Grabhöhle selbst nicht weiter erkundet werden und gibt weiterhin Rätsel auf.

Mehr als ein halbes Jahrhundert nach dem Massaker an den Juden in Hebron, am 25. Februar 1994, stürmte der extremistische jüdische Siedler Baruch Goldstein mit einem Sturmgewehr in die Moschee neben der Höhle, tötete 29 Muslime, die dort beteten, und verletzte Hunderte. Die Menge konnte ihn überwältigen und tötete ihn. Die übergroße Mehrheit der Israelis verurteilte dieses Massaker, aber eine Minderheit von Siedlern verehrt den Mörder bis heute wie einen Heiligen. Sie schufen in Hebron ein Denkmal zu seinen Ehren, das zwar zerstört wurde, doch sein Grab in einem Vorort ist immer noch ein Wallfahrtsort seiner Verehrer. Seit diesem Massenmord ist der Komplex um die «Höhle der Patriarchen» ein säuberlich eingeteilter religiöser Hochsicherheitstrakt mit gelegentlichen Macht- und Nutzungswechseln.

Nira Pereg hat in ihren Kurzfilmen die politischen und militärischen Zusammenhänge nicht direkt abgebildet. Auch lässt sie in ihren Filmen das eigentlich Religiöse außen vor. Sie zeigt nur die Vorbereitungen zu den jeweiligen Festen, nicht die Gottesdienste, Gebete, Lesungen und Ansprachen. Es ist, als ob sie mit ihrer Kamera und ihrem Mikrofon genau am Rand eines Abgrunds entlanggehe. Aber so, wie sie dies tut – konzentriert, mit hoher Aufmerksamkeit für die immer gleichen Handgriffe –, entsteht das Bild eines neuartigen Rituals. Dieses Ritual des Räumens verbindet zwei Religionen, die zwar verfeindet, einander aber auch ähnlich sind. Sie mögen durch Kleidungsgebote unterschieden sein, aber ihre Ausrichtung auf diesen heiligen Ort und darauf, was hier zu tun ist, rückt sie einander sehr nahe. Fast könnte man in Peregs Filmen eine Utopie erkennen: Religionen können sich zumindest einen Kellerraum teilen. Oder wäre das zu harmonisch gedacht?

Nira Pereg hat 2015 eine weitere Videoarbeit zur Hebroner Patriarchenhöhle geschaffen, die mit noch größerer Schärfe das unauflösbar Schwierige dieses seltsamen Ortes vor Augen führt. In dem zehnminütigen Clip «ISHMAEL» folgt sie dem örtlichen Muezzin auf seinen täglichen Wegen zum Turm. Um seine Glaubensgeschwister zu den jeweiligen Tagesgebeten zusammenzurufen, muss er aufgrund der komplizierten Raumteilung stets durch den jüdischen Teil der Anlage hindurchgehen. Also steht er mehrere Male am Tag vor der Tür, die die Moschee mit der Synagoge verbindet, klopft mit einem großen Schlüssel an, ihm wird aufgetan, er geht mit einer schwer bewaffneten Patrouille durch lange Gänge bis zu einer grünen Tür, schreitet hindurch, schließt hinter sich ab, dann stimmt er seinen Gebetsruf an, während die Soldaten vor der Tür auf ihn warten, um ihn anschließend zurück zu eskortieren. Ist das eine religiöse Handlung, fragt man sich als Zuschauer und denkt eher an Gefängnisroutinen oder an Albträume, in denen man wie unter einem magischen Zwang wieder und wieder den gleichen Weg zurücklegen muss.

Simultan Gottesdienst feiern: St. Michael, Hildesheim

52° 9′ 10″ nördlicher Breite; 9° 56′ 40″ östlicher Länge

Als europäischer Betrachter von Nira Peregs Hebron-Filmen kann man nur froh sein, dass es in der «Höhle der Patriarchen» nicht auch noch eine Kirche gibt. Die Kathedrale, die die Kreuzfahrer dort errichteten, ist seit der Eroberung durch Sultan Saladin Ende des 12. Jahrhunderts zur Moschee umfunktioniert. Aber es gibt im deutschsprachigen Raum eine parallele Erscheinung: die Simultankirchen, also Kirchenbauten, die sowohl von Protestanten als auch von Katholiken genutzt werden. Sie wurden vor allem im 16. und frühen 17. Jahrhundert eingerichtet.

Über sechzig davon gibt es in Deutschland noch, fast fünfzig im Elsass und einige in der Schweiz. Häufig hat man das Kirchenschiff geteilt, oder man hat den Hauptteil der einen Konfession gegeben und der anderen kleinere Teile wie Empore, Chor oder Seitenschiff. Doch was in Zeiten von Reformation und Dreißigjährigem Krieg hochgradig strittig und befremdlich war, ist heute ganz normal geworden. In der prächtigen Hildesheimer St. Michaeliskirche zum Beispiel, wo den Katholiken die Krypta zugewiesen wurde, pflegen die Küster, Priester und Pastoren ein herzliches Miteinander, teilen sich sogar die Sakristei, in der sie sich auf ihre Gottesdienste vorbereiten. Die meisten Besucher dieser Kirche bemerken von der doppelten Nutzung nichts. Wenn man ihnen aber davon erzählt, hören sie interessiert und etwas verwundert zu. Denn seltsam an den Simultankirchen hierzulande ist nur noch, dass sie auf niemanden mehr seltsam wirken.

5. Dem Erdboden gleichgemacht

Die verbotenen Schreine in Xinjiang

41° 45′ 27″ nördlicher Breite; 87° 10′ 3″ östlicher Länge

Es gibt immer noch Orte, zu denen man niemals kommen wird. Das liegt nicht daran, dass sie so abgelegen wären, sondern der Zugang zu ihnen ist strengstens verboten, weil sie abgeschottet sind und langsam ausgelöscht werden, bis sie bald verschwunden sind. Es braucht erheblichen Mut, gepaart mit ungestillter Neugier und hartnäckiger Leidenschaft, damit jemand sich doch aufmacht und versucht, diese ebenso verbotenen wie bedrohten Orte aufzusuchen und zu erkunden. So jemand ist Lisa Ross, Fotografin aus New York. Über einen Zeitraum von zehn Jahren hat sie die chinesische Provinz Xinjiang besucht, um einen religiösen Schatz der Uiguren mit ihren künstlerischen Mitteln zu heben. Begleitet wurde sie dabei von zwei Kennern der uigurischen Geschichte, Kultur und Sprache. Mit Auto, Bus, Eselskarren, Fahrrad oder zu Fuß waren sie in unwegsamem Gelände unterwegs. Dabei genossen sie die überwältigende Gastfreundschaft der Einheimischen, die sie an entlegene Stellen führten, sie für die Nacht bei sich aufnahmen und am nächsten Morgen nie mit leeren Händen weiterziehen ließen, so arm sie selbst auch waren. So konnte Lisa Ross von 2002 bis 2010 eine beeindruckende, berührende Serie von Fotografien der heiligen Schreine der uigurischen Muslime schaffen.

Xinjiang wurde 1949 von China annektiert. Es ist ein weiträumiges Gebiet im äußersten Westen der Volksrepublik, zu großen Teilen von Wüsten und Gebirgen bedeckt. Im Norden und Westen grenzt es an ehemalige Sowjetrepubliken wie Kasachstan oder Kirgistan, gegen Süden an Afghanistan, Pakistan, Indien und das autonome Gebiet Tibet. Es bildet also einen geostrategischen Knotenpunkt mit erheblichem Konfliktpotential. Als Etappe der «neuen Seidenstraße» birgt es aber auch große wirtschaftliche Möglichkeiten. Zugleich stellt Xinjiang – ähnlich wie das ebenfalls nach dem Zweiten Weltkrieg annektierte Tibet – einen Fremdkörper im chinesischen Reich dar, denn die ursprüngliche Bevölkerungsmehrheit bildet ein Turkvolk, das sich von der chinesischen Mehrheitsbevölkerung ethnisch, sprachlich, kulturell und vor allem weltanschaulich unterscheidet: Die Uiguren sind stark von einem höchst eigenständigen Islam geprägt. Offiziell hat Xinjiang den Status eines «autonomen Gebietes», doch seine ohnehin schon eingeschränkte Freiheit wird seit Jahren von der Zentralregierung im fernen Peking brutal unterdrückt.

Das erstaunlichste Zeichen des uigurischen Islam sind die

Dem Erdboden gleichgemacht

Schreine ihrer Heiligen. Für die Volksfrömmigkeit sind sie wichtiger als die Moscheen in den größeren Ortschaften und Städten. Sie haben eine lange Geschichte. Im 10. Jahrhundert wurde das Volk der Uiguren zum Islam bekehrt. Die neue Religion ersetzte das nestorianische Christentum und den Buddhismus, die bisher hier Anhänger hatten, verband sich aber auch mit alten schamanistischen Traditionen. Die bedeutendste Säule des uigurischen Islam ist die Verehrung der eigenen Glaubenshelden: der Herrscher, die sich bekehrten, der Prediger und Kämpfer, die den Islam durchsetzten, der Mystiker, die ihn spirituell vertieften, der Heiler, die im Namen Gottes Wunder taten. Obwohl der Islam von seinem Ursprung her keine Heiligenverehrung kennt – ja diese entschieden ablehnt –, besteht seine uigurische Spielart von jeher genau darin. In Lebenslagen aller Art wenden sich die Muslime hier an die «Freunde Gottes», vertrauen darauf, dass diese zwischen ihnen und Gott vermitteln, dem Einzelnen, der Familie, der Dorfgemeinschaft, dem ganzen Volk in der Not hilfreich zur Seite stehen. Deshalb besuchen sie deren Gräber – aber der Begriff «Grab» passt hier eigentlich nicht. Denn die «Freunde Gottes» sind immer noch gegenwärtig und wirkmächtig. Sie leben in ihren Schreinen. So pilgern die Uiguren zu den unterschiedlichsten Anlässen dorthin: zum Geburtstag des Heiligen, zu einem örtlichen Jahresfest mit Tieropfer, zu muslimischen Hochfesten wie dem Ramadan oder schlicht nach dem wöchentlichen Freitagsgebet. Sie beten dann vor dem Schrein, umschreiten ihn, bringen Geschenke und Opfergaben, legen Gelübde ab und tragen ihre Bitten vor. Regelmäßig feiern sie hier auch frohe, bunte Feste. Bevor sie wieder nach Hause zurückkehren, lassen sie stets etwas zurück: eine Markierung, ein Zeichen, einen Schmuck, eine heilige Installation.

Einige der Schreine sind Hunderte von Jahren alt und haben sich zu monumentalen architektonischen Ensembles entwickelt:

Dem Erdboden gleichgemacht

mit einem Mausoleum, einer Moschee und Versammlungs-
räumen für die Gläubigen. Interessanter und anrührender sind
jedoch die ungezählten kleinen, unscheinbaren, oft weit abgelegenen Schreine. Sie sind so winzig oder so versteckt, dass man
sie auf keiner Landkarte finden würde. Man muss schon das Vertrauen der Einheimischen gewonnen haben, damit sie einen auf
mühsamen Wegen dorthin führen. Zum Glück ist Lisa Ross dies
gelungen, so konnte sie diese seltsamen Orte dokumentieren und
kunstvoll ins Bild setzen. Ihre Fotografien zeigen die kleinen
Schreine in einsamer Landschaft, Dünenkämmen oder -tälern,
vom Sand überweht.

Das wichtigste Gestaltungselement sind Latten und Pfähle.
Diese werden in den Boden gerammt, miteinander verbunden
und mit Fahnen geschmückt. Manchmal ist es nur ein einziger,
dürrer Ast, der aus dem Sand herausragt und den heiligen Ort
oder den Weg dorthin markiert. Oft sind es aber auch regelrechte
Installationen aus getrocknetem Holz, buntem Stoff und wehen-
dem Plastik, ein kunstvolles Gebüsch, das erstaunliche Blüten
treibt: rote, blaue, gelbe, grüne Fähnchen, ganz oben manchmal eine weiße Friedensfahne, vom Wind bewegt und zerzaust.
Sie zeigen an, dass hier ein Gebet gesprochen wurde, vertreiben
die bösen Geiser, sind der bildliche Beweis für die Lebendigkeit
des Heiligen. Seiner großen oder bescheidenen Wunderkraft
entspricht die Anzahl der Fähnchen. Manche dieser Installationen wirken wie Garben, die mitten in der Wüste eine unglaub-
liche Ernte präsentieren. Einige sehen wie Tore aus, die in eine
andere Wirklichkeit führen. Andere wiederum lassen einen an
den Dornbusch denken, den Mose am Berg Horeb entdeckte: In
ihm brannte ein Feuer, aber es verzehrte ihn nicht – aus diesem
Busch sprach ein fremder Gott zu Mose.

Oft finden sich an diesen Schreinen – einmalig in der muslimischen Welt – kleine Puppen. Schamanen oder Frauen haben

sie aus gebrauchten Stoffresten gebastelt. Mit ihnen legen sie dem Heiligen einen Kinderwunsch ans Herz. Manchmal sollen sie dabei helfen, kranke Kinder zu heilen. Oder sie werden eingesetzt, um andere Menschen, besonders bei Liebeskabalen, zu züchtigen. Doch meistens ist es die Bitte um weibliche Fruchtbarkeit, die in der uigurischen Kultur einen hohen Stellenwert besitzt.

Wer die Fotografien dieser Schreine und ihrer Ausschmückungen von Lisa Ross betrachtet, staunt über deren seltsame Schönheit. Man denkt an die italienische *Arte Povera* der sechziger Jahre, die mit ärmlichen Mitteln wie Erde, Lehm, Holz oder Stoffresten Bildwerke schuf, die gerade in ihrer materiellen Erbärmlichkeit schön und erhaben wirken. Man fühlt sich auch an zeitgenössische *Land Art* erinnert, an Kunstwerke, die in Landschaften hineingeschaffen oder aus ihnen herausgeformt wurden: Kunst in der Natur, ästhetische Zeichen vor einem offenen Horizont, mitten in einer weiten Wüste, vor Bergen und in Tälern, Hitze, Wind und Wetter ausgesetzt, einer harten Natur ausgeliefert, in die sie am Ende aufgehen. Erde zu Erde, Staub zu Staub.

Für die Uiguren sind diese Schreine Gegenstände und Werkzeuge ihrer Religion. Religion heißt hier: gemeinsam etwas tun. Das religiöse Selbsttun besteht darin, einen heiligen Ort auszuweisen, ihn mit persönlichen Anliegen zu füllen und nach den eigenen Möglichkeiten zu gestalten. Dies geschieht mit den einfachen, ärmlichen Mitteln, die man eben zur Verfügung hat und selbst formen kann. Ohne Anleitung von oben entstehen so Gebilde, die Himmel und Erde, den Heiligen mit den Gläubigen verbinden. Was auf westliche Betrachter wie ein Kunstwerk wirkt, ist für die Einheimischen ein heiliger Ort. Doch das bedeutet hier nicht «tabu». Im Gegenteil, diese heiligen Orte leben davon, dass man sie aufsucht, betritt, berührt, gestaltet. Sie sind nicht sakral in dem Sinne, dass sie von dem profanen Leben strikt getrennt wären. In ihrer Geschichte hatten sie immer auch eine politische und wirtschaftliche Funktion für ihr jeweiliges Gemeinwesen: die Familie, Dorfgemeinschaft oder die uigurische «Nation» im Ganzen. Zudem standen sie in lebendigem Verkehr mit anderen Kulturen und Religionen. So kann man in den uigurischen Schreinen Einflüsse der Gebetsfahnen aus Tibet, der Wunschbäume der Mongolen oder der chinesischen Plastikmoderne entdecken.

Doch in den Fotografien von Lisa Ross ist es vor allem eine spirituell erfüllte Einsamkeit, die diese Orte und Gebilde ausstrahlen. Darin spiegeln sie die Sehnsucht einer westlichen Künstlerin nach meditativer Versenkung wider, geben aber zugleich Zeugnis von der mystischen Tiefe, die die uigurischen Sufi-Gemeinschaften ausloten, wenn sie an ihren Schreinen über lange Zeiträume hinweg singen und tanzen. Indem Lisa Ross viele von ihnen besucht und fotografiert hat, ist sie als Künstlerin selbst zur Pilgerin geworden. Geradezu tragisch aber ist, dass das wunderbare Buch, das daraus entstanden ist, heute selbst wie ein Schrein für all diese Schreine wirkt. Denn sie sind in ihrer Existenz bedroht.

Seit Jahren geht die chinesische Staatsmacht massiv gegen die Uiguren, ihre Kultur und Religion vor. Angetrieben von einem unstillbaren Misstrauen gegen alles, was nicht den eigenen Einheitsvorstellungen entspricht, und angefeuert von der Gier, die reichen Bodenschätze dieses Gebietes in Besitz zu nehmen, versucht sie, alles Uigurische auszulöschen. Dazu bedient sie sich der klassischen Mittel kommunistischer Gewalt. Straßensperren und Kontrollposten durchziehen das Land. Schwer bewaffnete Polizisten bestimmen das Straßenbild. Willkürlich werden Menschen durchsucht und verhaftet. In riesigen Gulag-ähnlichen Lagern sollen – genaue Zahlen gibt es natürlich nicht – zwischen einer und drei Millionen uigurische Männer und Frauen inhaftiert sein. Regelmäßig werden regimetreue Han-Chinesen bei einheimischen Familien einquartiert, um sie auszuspionieren und zu drangsalieren. Hinzu kommen die Instrumente der digitalen Revolution: flächendeckende Videoüberwachung, Gesichts- und Körperscans, Handydatenauswertung und Datenkontrolle, künstliche Intelligenz. Jeder Krieg ist für Waffenproduzenten ein Absatzmarkt und ein Experimentierfeld für technische Innovationen. So behandelt die chinesische Zentralregion diese Provinz wie ein Testgebiet, auf dem sie ihre herkömmlichen und brandneuen Unterdrückungsinstrumente zusammenfügen kann – zu einem Totalitarismus des 21. Jahrhunderts.

Mit besonderem Argwohn und Hass bekämpft Peking die Religion der Uiguren. In ihr meint sie, die eigentliche Quelle des gefürchteten Separatismus gefunden zu haben. Dabei verkennt sie, dass die uigurische Volksfrömmigkeit, wie sie sich gerade in ihren Schreinen zeigt, etwas ganz Eigentümliches und Einheimisches ist. Mit religiösem Extremismus hat sie nichts zu tun. Sie unterscheidet sich deutlich vom internationalen Islamismus, der einen Fundamentalismus der «Reinheit» propagiert und selbst brutal gegen alle Spielarten eines traditionellen und synkretistischen Volksislam vorgeht.

Um den Islam in Xinjiang zu vernichten, wendet die chinesische Zentralregierung noch eine zweite, perfide Strategie an. Aus scheinbarem Respekt vor den Uiguren erkennt sie bedeutende Moscheen und Schreine als «Stätten des kulturellen Erbes» an. Damit verwandelt sie diese lebendigen religiösen Orte in Museen und entzieht sie ihrer eigentlichen Nutzung. Häufig werden sie von Han-chinesischen Firmen in Besitz genommen und zu touristischen Sehenswürdigkeiten umfunktioniert. Den hohen Eintrittspreis können sich die Einheimischen nicht leisten, anders als chinesische Reisegruppen, die nun vor den Schreinen ihre Fotos und Selfies machen. Nicht selten werden die Schreine mit dem Scheinargument, diese Denkmale sanieren zu wollen, auf unbestimmte Zeit geschlossen. Den Gläubigen ist damit der Zugang zu ihren geliebten Nothelfern versperrt.

Auf die Frage, was aus all den Schreinen inzwischen geworden ist, die sie vor einem Jahrzehnt besucht und fotografiert hat, antwortet Lisa Ross heute mit großer Bitterkeit: «Unglücklicherweise ist es Einheimischen verboten, zu ihren Schreinen zu gehen. Die größeren und historisch bedeutenderen von ihnen wurden sogar dem Erdboden gleichgemacht. Es bricht einem das Herz und ist zum Weinen.»

Die vernichteten Kirchen
im syrischen Ar-Raqqa

36° 0′ 40″ nördlicher Breite; 38° 53′ 8″ östlicher Länge

In Ar-Raqqa gab es zwei Kirchen. Sie waren die geistliche Heimat der ungefähr zweitausend Christen, die in der Hauptstadt des gleichnamigen Gouvernements im Norden Syriens wohnten. Sie bildeten eine kleine Minderheit, etwa ein Prozent der Bevölkerung, und führten ein recht friedliches Leben im Abseits der Provinz. Auch wenn Ar-Raqqa auf eine lange Geschichte zurückblicken kann, die bis in das 8. Jahrhundert reicht, gab es über die Gegenwart dieser Stadt eigentlich nichts zu berichten: arm, abgelegen, verstaubt und still, unberührt von all dem, was die Welt der großen Politik bewegt. Für die Christen in Ar-Raqqa hatte dies den Vorteil, dass sie in der armenisch-katholischen Märtyrerkirche sowie in der griechisch-orthodoxen Sayyida-al-

Bishara-Kirche unbehelligt ihren Glauben und ihre Gemeinschaft pflegen konnten.

Dann brach 2011 der syrische Bürgerkrieg aus. Ar-Raqqa wurde von der Freien Syrischen Armee eingenommen. Doch die konnte sich nicht lange halten. Schon zwei Jahre später wurde die Stadt von der al-Nusra-Front und dem Islamischen Staat erobert. Ar-Raqqa wurde nun zur inoffiziellen Hauptstadt eines eigenen, fundamentalistisch-terroristischen Territoriums, zur Operationszentrale im Bürgerkrieg und zu einem grausamen Experimentierfeld. Hier sollte die Utopie eines neuen, strikt muslimischen Kalifats Wirklichkeit werden. Darunter hatten besonders die Christen zu leiden. Sie wurden massiv bedrängt, sich zum Islam zu bekehren. Wer dies nicht tat, hatte hohe Schutzgelder zu bezahlen. Frauen und Männer mussten sich an die Kleidungsvorschriften der neuen Herren anpassen. Für die Frauen bedeutete dies, dass sie sich in der Öffentlichkeit voll verschleiern mussten, die Männer ließen sich lange Bärte wachsen. Willkürlich wurden sie angehalten, überprüft, drangsaliert, inhaftiert und nicht selten ermordet. Auf dem Hauptplatz der Stadt gab es regelmäßig öffentliche Hinrichtungen, Menschen wurden ohne Grund erschossen oder gekreuzigt, danach enthauptet, die Köpfe auf Metallpfeilern aufgespießt. Wer konnte, floh. Nur ein gutes Dutzend Christen blieb zurück und versuchte, irgendwie zu überleben.

In dieser Hauptstadt der Hölle gab es für die beiden Kirchengebäude keine Zukunft. In einem radikal islamischen Staat sollten keine öffentlichen Zeichen anderer Glaubensgemeinschaften mehr sichtbar sein. Deshalb gehörten religiöse und kulturelle «Säuberungen» zum neuen Regierungsprogramm. Dies richtete sich auch gegen muslimische Abweichler. So sprengten die sunnitischen Extremisten in Ar-Raqqa die beiden schiitischen Moscheen: die Ammar-ibn-Yasir-Moschee und die nach einem der ersten Sufi-Mystiker benannte Uwais-al-Qaranī-Moschee. Zudem entweihten sie eine Reihe von Schreinen, die von den örtlichen Schiiten verehrt wurden. Mit besonderer Wut gingen sie auf die beiden Kirchen los. Schon am 26. September 2013 wurde die griechisch-orthodoxe Sayyida-al-Bishara-Kirche niedergebrannt. Zuvor hatte man sie geschändet, Kreuze und Ikonen heruntergerissen und zerstört, Bibeln vernichtet. Die armenische Märtyrerkirche starb einen langsameren Tod. Es gibt Filmaufnahmen, die zeigen, wie vermummte Männer auf ihr Dach steigen, das Kreuz über der Kuppel abnehmen und an seiner Stelle die schwarze Fahne des Islamischen Staates hissen, um anschließend auch die kleine Glocke über dem Eingang zu zerstören. Danach wurde diese Kirche einer perfiden Umnutzung unterworfen: Sie wurde zur Missionszentrale gemacht. Die Fassade wurde schwarz gestrichen. In weißen Buchstaben wurde über den Eingang geschrieben: «Das Buch leitet dich, und das Schwert bringt den Sieg.» Innen wurde fundamentalistische Gehirnwäsche betrieben. Da es bald niemanden mehr zu bekehren gab, wurde die Kirche zur Polizeistation umgewandelt. Dazu wurde sie wieder weiß gestrichen. Als die militärische Lage für die Machthaber aber immer schwieriger wurde, nutzten sie die Kirche als Basis für Flucht und Straßenkampf. Vom großen Keller aus, der früher als Gemeindesaal für Versammlungen und Feste gedient hatte, gruben sie einen Tunnel zur anderen Straßenseite.

Am 17. Oktober 2017 konnte Ar-Raqqa nach langen, erbitterten Kämpfen endlich befreit werden. Als die letzten IS-Krieger geflohen oder getötet waren, war von der Stadt kaum etwas übrig: Häuser zerbombt, rauchende Trümmer, ausgebrannte Autowracks auf unbefahrbaren Straßen, Wasser- und Stromleitungen aufgerissen. Auch von den beiden Kirchen war fast nichts geblieben. Der Fotojournalist Daniel Etter beschreibt es so: «Die Bishara-

Kirche ist vollständig zerstört. In den Trümmern verwittern Flugblätter des Islamischen Staates vor sich hin. Von der Kirche der Märtyrer steht heute nur noch das Gerippe. Die Eisenbewehrungen ragen wie Spieße aus dem geborstenen Beton. Noch immer klafft das riesige Loch des Fluchttunnels im Boden der Kirche. Inzwischen hat sich knietief Grundwasser darin gesammelt.» Etter hat das Ausmaß der Zerstörung durch die Islamisten, aber auch durch Luftangriffe dokumentiert. Ein Schild erinnert daran, dass hier einmal eine Kirche war. Doch das eigentlich Bemerkenswerte sind ein Marienbild und ein Jesusbild, die jemand an den beschädigten Eingangspfeilern angebracht hat. Ist christliches Leben hier doch noch präsent?

Die syrischen Christen geben die Hoffnung nicht auf, ihre Gebäude und Gemeinden wiederaufzubauen. Dafür sind sie auf Hilfe angewiesen. Vor allem aber müsste sich die politische und wirtschaftliche Lage im Land so stabilisieren, dass geflohene Christen in ihre Heimat zurückkehren können.

In Berlin gibt es ein kleines Hoffnungszeichen: Seit 2013 wird dort das Syrian Heritage Archive Project betrieben: ein digitaler Kulturspeicher, in dem die Erinnerung an viele der beschädigten und vernichteten Denkmäler Syriens aufbewahrt wird. Auch die Orte des syrischen Christentums sollen hier berücksichtigt werden, doch wahrscheinlich wird die Märtyrerkirche von Ar-Raqqa nicht in dieses Archiv aufgenommen. Als unscheinbarer, moderner Bau besitzt sie keinen archäologischen oder künstlerischen Wert. Dennoch hätte sie es verdient, dass man sich an sie erinnert, weil sie beispielhaft für das christliche Leben in Syrien steht. Dieses hat eine sehr lange Geschichte. In gewisser Weise ist das Christentum als neue Weltreligion nicht in Jerusalem begründet worden. Denn vor Damaskus erfuhr Saulus seine Bekehrung zum Paulus, zum Apostel eines neuen Glaubens, der die Grenzen des jüdischen Volkes und seiner Thora überschritt und sich an alle Menschen wandte. Hier entstand überhaupt erst die Gruppenbezeichnung «Christen». Hier bildeten sich die ersten Gemeinden, in denen jüdische und nichtjüdische Gläubige zusammenfanden. Von hier aus unternahm Paulus seine Missionsreisen nach Europa. Nicht nur für die syrischen Kirchen, sondern für die weltweite Christenheit wäre es ein schrecklicher Verlust, sollte das islamistische Zerstörungswerk unumkehrbar sein. Auch wenn es vielen Christen in Europa kaum bewusst sein dürfte, liegen die Wurzeln ihres Glaubens nämlich in diesem so schwer geschlagenen Land.

6. Traumatisierte Städte

Terror und Kuscheltiere in Nizza

43° 41′ 36″ nördlicher Breite; 7° 15′ 18″ östlicher Länge

Am 14. Juli 2016 griff in Nizza ein islamistischer Terrorist ohne Vorwarnung eine große Menschenmenge auf der Promenade des Anglais mit einem Lastwagen an. Er tötete über siebzig Menschen und verletzte mehr als vierhundert schwer, bis er von Polizisten erschossen wurde. Mit einem Schlag war aus der zauberhaften, palmengesäumten Strandpromenade am Mittelmeer ein Ort des Grauens geworden. Doch gleich nachdem die Spurensicherung ihre Arbeit getan hatte und das Schlimmste weggeräumt war, kamen sehr viele Menschen hierher, Einheimische und Touristen. Sie wollten nach all den schrecklichen Fernsehbildern den Tatort mit eigenen Augen sehen. Vielleicht hat bei einigen ein bisschen Sensationsgier mitgespielt, doch dürfte die meisten ein tieferes Bedürfnis angetrieben haben. Diese Attacke war in ihrer Grausamkeit so unwirklich, dass sie das Unfassbare fassen, diesen Traumaort in die Wirklichkeit zurückholen wollten. Deshalb suchten sie ihn auf, füllten ihn ohne Angst und Scheu, nahmen ihn als öffentlichen Raum wieder in Besitz.

Viele wollten kommen und schauen, vor allem aber auch selbst etwas tun, aus der schockhaften Tatenlosigkeit heraustreten. Deshalb brachten sie Blumen, Kerzen, kleine französische Fahnen sowie Plakate mit, auf die sie Herzen und Friedenszeichen gemalt oder Worte des Gedenkens und des Trostes geschrieben hatten. Vor allem aber brachten sie Stofftiere in Unmengen und bunter Vielfalt: Bären, Enten, Delphine, Fische, Schweine, Hasen, Kühe. Groß und klein, rosa, braun, grün, gelb, rot, schwarz und weiß. Dazu Kuschelfiguren aus dem Kosmos der Popkultur: Donald, Bugs Bunny, Schlümpfe, Obelix, Winnie Puuh, Bart Simpson, Micky Mouse, Hello Kitty, Bewohner der Sesamstraße. Dicht zusammengedrängt legten die Menschen sie auf die Promenade oder befestigten sie so an einem Pavillon, dass sich ein immenses Mosaik aus Plüschfiguren bildete. So entstand ein seltsamer Ort, der aus der Ferne an einen Jahrmarktstand erinnerte.

In den folgenden Tagen und Wochen kamen ungezählte Menschen hierher. Sie waren leicht bekleidet, es war ja Sommer. Niemand trug Trauer. Aber sie brachten schwere Gefühle: Erschrecken, Trauer, Wut, Mitleid, Angst, Sehnsucht nach Trost und Einigkeit. Ihre Gaben legten sie ab und betrachteten, was andere schon hierhergetragen hatten. Sie schauten, lasen, weinten, sprachen, schwiegen, fotografierten, umarmten einander. Einige werden still gebetet haben. Andere diskutierten, direkt oder indirekt. Jemand hatte an die Mauer des Plüschtierpavillons den Spruch geschrieben: «Denn sie wissen nicht, was sie tun.» Ein anderer hatte das «nicht» durchgestrichen, eine weitere Hand hatte es darüber wieder hinzugefügt. Noch jemand hatte einen Bibelvers eingeritzt, ein anderer ihn durchgestrichen.

In Frankreich sind Staat und Kirche streng voneinander getrennt. Deshalb gab es keinen zentralen Gedenkgottesdienst. Stattdessen versuchte der Staat die Öffentlichkeit mit seinen eigenen rituellen Mitteln zu erreichen. Der Präsident hielt im Fernsehen eine Ansprache. Der Notstand wurde ausgerufen. Hochrangige Politiker legten Kränze nieder oder trugen sich in Trauerbücher ein. Das tröstete niemanden. Als der unbeliebte Premierminister eine Schweigeminute abhalten wollte, wurde er heftig beschimpft. Eher hilflos reagierte auch die Konsumkultur. Fernsehsendungen wurden unterbrochen, Volksfeste abgesagt, Konzerte, wenn sie denn stattfanden, fügten stille Zeiten des Gedenkens ein, die Website von Google wurde mit einem Trauerflor geschmückt.

Doch was den Menschen in Nizza am ehesten geholfen haben dürfte, diese Tage zu bewältigen, war das, was sie selbst taten und brachten. Ohne staatliche Anleitung, kirchliche Begleitung oder eventwirtschaftliche Dramaturgie schufen sie weitläufige Blumeninseln und wild wachsende Kuscheltierinstallationen. Wer wohl als Erster auf die seltsam anmutende Idee mit den Plüschfiguren gekommen war? Und warum? Weil Kinder und Jugendliche unter den Opfern waren? Man hätte es für kitschig und befremdlich halten können, aber angesichts des Schreckens und unter dem hellen, blauen Sommerhimmel wirkte es schlicht liebevoll.

Wie wenig selbstverständlich die Gestaltung des Tatorts in Nizza war, zeigt der Vergleich zu dem, was ein Jahr zuvor in Paris geschehen war. Am 7. Januar 2015 hatten islamistische Terroristen die Redaktion von *Charlie Hebdo* angegriffen und zwölf Menschen getötet. Am übernächsten Tag überfiel ein weiterer Terrorist ein jüdisches Lebensmittelgeschäft, er tötete fünf Menschen. Zwischen beiden Anschlägen, am Abend des 7. Januar, versammelte sich eine große Menschenmenge zu einer spontanen politischen Demonstration an der Place de la République. Es folgte am 11. Januar ein eindrucksvoller Trauermarsch durch die Stadt. Das Haus der Redaktion war zu zerstört, zudem lag es in einer zu kleinen Straße, als dass es zum Versammlungsort hätte werden können. Auch verbot der strikt religionskritische Charakter der Satirezeitschrift jede fromme Äußerung. Statt Kerzen und Kuscheltieren wurden Plakate mit den Worten «Je suis Charlie» zum markanten Zeichen der Trauer und der Solidarität. Wenn Menschen symbolische Gegenstände brachten, dann waren es Zeichenstifte, Kugelschreiber und Pinsel – die Arbeitsgeräte der Ermordeten.

Was ist der Ursprung dieser rituellen Handlungen? Erinnert man sich an frühere Terrorwellen – etwa den deutschen Linksextremismus der 1970er und 80er Jahre –, fällt einem nichts Vergleichbares ein. Nach der Ermordung von Siegfried Buback, Wolfgang Göbel und Georg Wurster am 7. April 1997 in Karlsruhe zum Beispiel gab es einen Schweigemarsch von etwa achthundert Menschen zum Tatort, wo weitere einhundert Menschen schon versammelt waren. Einige legten Blumensträuße ab, andere stellten drei kniehohe schlichte Holzkreuze auf. Im Vergleich zu heute war dies sehr wenig. Die eigentliche Gabe der Menschen damals in Karlsruhe war ihr Schweigen.

Welche Bedeutung hat hier der wohl bedeutendste öffentliche Trauerfall der jüngeren Geschichte: der Unfalltod von Lady Diana am 31. August 1997 in Paris? Vor allem in London und dort ausgerechnet vor dem Buckingham Palace entstanden plötzlich regelrechte Blumenmeere. Sie zeugten von einer ehrlichen, tiefen Erschütterung ungezählter Menschen sowie einer neuartigen Fähigkeit oder Bereitschaft, intensive eigene Gefühle in der Öffentlichkeit zu zeigen. Man konnte darin auch einen stillen Protest, eine heimliche Provokation sehen. Denn sie stellten das Königshaus vor die Frage, wie es sich zum Tod der verstoßenen «Königin der Herzen» verhalten und ob es sich in die Trauergemeinschaft der vielen einreihen wolle. Mit jedem Blumenstrauß, der vor der Residenz abgelegt wurde, wurden diese Fragen lauter. Schließlich kamen Mitglieder der königlichen Familie doch hinaus, betrachteten und berührten die Blumen, nahmen die Trauerbekundungen der Menschen entgegen. Wie sehr hat sich dies im weltweit-kollektiven Bewusstsein eingeprägt, so dass es seither die Gestaltung von Trauerorten bestimmt?

Oder hat es schon früher angefangen, nämlich 1980 mit der entsetzten Trauer um den ermordeten John Lennon? Sie zeigte sich in New York und natürlich in Liverpool sehr deutlich.

Gibt es für Terrororte eigentlich eine bestimmte Größe? Das muss man angesichts von einigen Schauplätzen des Grauens fragen, die so groß, so ungeheuer verwüstet sind, dass es ganz anderer Mittel bedarf, um sie zu Gedenkorten zu machen. Dies ist offenkundig bei Ground Zero der Fall. Wo hätte man an diesem Abgrund der Zerstörung etwas hinlegen können? Es brauchte einen Zeitraum von mehr als zehn Jahren und über eine Milliarde Dollar, um ein angemessenes Memorial für die über dreitausend Menschen zu schaffen, die bei den Anschlägen vom 11. September 2001 ums Leben kamen.

Wer seinen Blick nicht nur auf die nordwestliche Welt richtet, dem drängt sich auch die Frage auf, wie es den Menschen im Irak oder in Afghanistan ergehen mag. Haben sie die Freiheit, die Sicherheit, die Zeit oder die Mittel, in ähnlicher Weise ihr Entsetzen und ihre Trauer öffentlich zu bekunden? Unter Terroranschlägen haben sie doch weit häufiger zu leiden.

Und schließlich die Hauptfrage: Sind dies eigentlich religiöse

Orte? Der Soziologe Niklas Luhmann hat versucht, Religion in einem sehr weiten Sinne als «Kontingenzbewältigung» zu definieren. Damit meint er, dass Religion die Aufgabe hat, die Zufälle des Lebens begreifbar zu machen, so dass man mit ihnen existentiell umgehen kann. Was aber ist kontingenter, zufälliger in einem radikal-tragischen Sinne als ein Akt des Terrors? Insofern sind die neuen Riten der Tatortschmückung sicherlich Formen von Kontingenzbewältigung und erfüllen eine grundlegende Funktion von Religion. Etwas Unbegreifliches wird aufgenommen, gedeutet, gestaltet, in das eigene Leben und das Gedächtnis des Gemeinwesens eingefügt. Das Erschrecken und die Klage finden ebenso einen Ausdruck wie die Bitte und der Zuspruch. Es bildet sich eine Art von Sinn mitten im Sinnlosen – für den Einzelnen wie für die Gemeinschaft. Ob die Menschen, die ihre Blumen, Kerzen, Plakate oder Kuscheltiere bringen, sich dabei selbst als gläubig empfinden, müsste man sie einzeln fragen. Bestimmt würde man sehr unterschiedliche Antworten erhalten. Wahrscheinlich aber ist das Bemühen um eine säuberliche Trennung von «religiös» und «nichtreligiös» für das Verständnis dieser Orte gar nicht so besonders hilfreich.

Der Riss vor der Kirche: Breitscheidplatz, Berlin

52° 30′ 18″ nördlicher Breite; 13° 20′ 7″ östlicher Länge

Wie ist es, wenn eine Kirche selbst zum Tatort wird? So geschah es in Berlin, am Breitscheidplatz, gleich hinter der Kaiser-Wilhelm-Gedächtnis-Kirche. Am 19. Dezember 2016 fuhr ein islamistischer Terrorist einen Sattelzug mitten in den dortigen

Weihnachtsmarkt hinein. Er tötete zwölf Menschen und verletzte fünfundfünfzig Besucher des Marktes schwer. Das Entsetzen war riesig und verband sich sofort mit heftigen Debatten über
die deutsche Einwanderungspolitik, besonders die Aufnahme
von etwa einer Million Flüchtlingen im Jahr zuvor. Terror ist,
das sagt schon das Wort, immer schrecklich. Seine volle Wirkung aber entfaltet er erst, wenn er auf eine verunsicherte und
zerstrittene Gesellschaft trifft.

Umso größer war das Bedürfnis, diesem Anschlag schnell
symbolisch etwas entgegenzusetzen. So wurde schon am folgenden Abend in der Kirche ein Gottesdienst abgehalten, an dem
der Bundespräsident, die Bundeskanzlerin und viele hochrangige Politiker teilnahmen. Zahlreiche andere staatliche und zivil-
gesellschaftliche Ritualhandlungen folgten. Doch wieder einmal
war bedeutsamer, was Menschen spontan am Tatort selbst, also
hinter der Kirche, taten. Sehr viele Berliner und Nichtberliner
kamen, brachten Blumen und Grabkerzen. Die Drogerien in der
Umgebung, so Martin Germer, einer der Pfarrer der Kirchengemeinde, waren sofort leer gekauft und kamen mit den Nach-
bestellungen kaum hinterher. Einige Menschen legten auch
kleine Engelsfiguren ab. Doch das Entscheidende war das Licht.
In den kalten, nassen, tieftraurigen Winternächten vor und nach
Weihnachten leuchtete und flackerte nun ein See aus Kerzen,
der sich über den ganzen Platz bis zur Straße ergoss.

Dies – sowie die räumliche Nähe zu diesem berühmten Kir-
chenbau und die zeitliche Nähe zum beliebtesten christlichen
Fest – bot ein deutlich religiöseres Bild als in Nizza. Auch der
zerstörte Weihnachtsmarkt veränderte seinen Charakter. Vergessen ist, dass die Kirchen lange und vergeblich gegen solche
Märkte angekämpft hatten, weil nach ihrer Tradition der Advent
eine stille Zeit des Fastens und der ernsten Besinnung sein sollte.
Plötzlich schien dieser – ja jeder – Weihnachtsmarkt symbolisch

für das christliche Abendland zu stehen, das von islamistischen Terroristen angegriffen wurde. Ob der Attentäter dies im Sinn hatte, ist nicht bekannt. Vielleicht hatte er nur einen besonders belebten Ort gesucht, um möglichst viele Menschen zu verletzen und zu töten.

Sehr viele der Tatortbesucher verbanden ihr persönliches Gedenken wie von selbst mit der Kirche. Sie legten zunächst draußen ihre Kerzen ab und gingen anschließend hinein, um auch dort Lichter zu entzünden. Über zehntausend Menschen schrieben in der Kirche ihre Namen oder längere Texte auf Kondolenzblätter, die die Senatskanzlei zur Verfügung gestellt hatte. Anfangs hatten die Pfarrer die Sorge, dass es in der aufgeheizten Atmosphäre zu hasserfüllten Äußerungen kommen könnte. Doch das war unbegründet. Erstaunlich waren die für Berlin nicht eben typische Ruhe, Geduld und Freundlichkeit, mit der die Menschen darauf warteten, bis sie endlich an die Reihe kamen. Dabei ging die Schlange oft bis weit auf die Straße hinaus. Pfarrer der Gemeinde, aus Nachbargemeinden und befreundeten Kirchen sowie Ehrenamtliche waren präsent und ansprechbar. Aber eine spezielle Seelsorge, so Martin Germer, war gar nicht gefragt. Es ging eher darum, dass «Menschen guten Willens» sich am Ort des Schreckens und in der Kirche versammeln konnten, um ihrer Trauer, Solidarität und Hoffnung eine öffentlich sichtbare Gestalt zu verleihen. Dies taten sie über die Weihnachtstage und Silvester bis weit in den Januar hinein. Währenddessen sorgten Marktleute für diesen Ort, räumten Verschmutztes oder Unpassendes fort, ordneten und schufen Raum für neue Gaben.

Irgendwann ist die Zeit der Trauer vorbei. Dann ist es sinnvoll, dass die hierhergebrachten Gaben fortgeräumt werden und das alltägliche Leben wieder sein Recht erhält. Deshalb sind solche Trauerorte nur von einer begrenzten Dauer. Doch bei den besonders bedeutsamen von ihnen beginnt nach dem Ende der unmittelbaren Schockphase ein Nachdenken darüber, wie sie als bleibende Gedenkorte zu erhalten wären. Für den Breitscheidplatz wurde ein Wettbewerb ausgelobt und von einer Jury eine Entscheidung getroffen, wobei Betroffene des Terrorakts an den Beratungen beteiligt waren. Das Architekturbüro merzmerz+ entwarf ein Bodendenkmal: Nun sind die Namen der Getöteten auf den Stufen zur Kirche angebracht, und ein goldfarbener «Riss» von etwa 17 Metern läuft von der Rückseite der Kirche über den Breitscheidplatz bis zur Budapester Straße – ein würdiges Zeichen für die Verletzung, die Zerrissenheit und den Wunsch nach Heilung.

Schon vor dem 19. Dezember 2016 war die Kaiser-Wilhelm-Gedächtnis-Kirche ein Gedenkort von nationaler Ausstrahlung gewesen: Sie erinnerte zunächst an den Kaiser der Reichsgründung, dann an die NS-Diktatur und die Verheerungen des Zweiten Weltkriegs, schließlich an die Mühen des Wiederaufbaus sowie an die deutsche Teilung – und nun an ein ganz neues Trauma. Lebendig ist dieses vielfältige und vielschichtige Gedenken nicht allein durch die alten oder neuen Bauten und Kunstwerke, sondern durch die Menschen, die hierherkommen und diesen Ort nutzen. Dies tun sie immer noch: Auf den Stufen des Memorials sind Fotos einiger der Getöteten aufgestellt, regelmäßig werden frische Rosen gebracht und neue Kerzen entzündet.

7. Unheimliche Gedächtnisstätten

Die Porzellankirche St. Nikolai in Meißen

51° 9′ 29″ nördlicher Breite; 13° 28′ 14″ östlicher Länge

Schön ist es, dem Lauf der Triebisch, eines Seitenflüsschens der Elbe, durch die Altstadt von Meißen zu folgen, nach Süden zu, Richtung Stadtpark, Waldschlösschen und Porzellan-Manufaktur. Am schönsten aber ist ein etwas verstecktes, verwunschenes Kirchlein vor dem Park. Obwohl es das älteste Gebäude der Stadt ist, kennen selbst viele Meißener es nicht. Es macht auch äußerlich nicht viel her: romanisch-gedrungen, kompakt, die Wände schlicht weiß getüncht, darüber ein rotes Ziegeldach und ein kurzer, dunkler Schieferturm, dazu wenige kleine Fenster und eine schmale, niedrige Tür, die sich der Öffentlichkeit eher verschließt, als sie hereinzulocken. Doch wer hineingeht, gerät ins Staunen über einen einzigartigen Innenraum.

Denn St. Nikolai zu Meißen ist im Inneren ein seltsames Porzellanparadies. Der Weg in den Chorraum führt durch ein hellweißes, mit Gold verziertes Porzellanportal. Die Objekte aus dem Wundermaterial, die man dahinter findet, handeln von Trauer und Verzweiflung. An den dunkelroten Wänden hängen vierzehn voluminöse Porzellantafeln, auf denen die Namen all der Menschen aus Meißen aufgezeichnet sind, die im Ersten Weltkrieg ihr Leben verloren haben. Es sind viele Namen, insgesamt eintausendachthundertfünfzehn. Die meisten gehörten der evangelischen Kirche an, aber auch – und das ist ungewöhnlich – zweiundfünfzig katholische, zwei jüdische und fünf Soldaten ohne Kirchenzugehörigkeit werden hier genannt und sogar – das ist noch ungewöhnlicher – umgekommene Krankenschwestern. All diese Namen, ohne Angaben des militärischen Rangs, in langen Reihen, mit roter Schrift auf hellweißem Grund, stehen unter den Jahreszahlen von 1914 bis 1918. Dazwischen kleine Figuren weinender Kinder. Daneben acht lebensgroße Frauenfiguren, ebenfalls aus weißem Porzellan. Auch sie weinen und klagen. In ihren Händen halten sie Kerzen, mit ihren Füßen treten sie auf zerbrochene Schwerter. Vorn, links und rechts vom Altar, stehen zwei weitere, überlebensgroße Frauengestalten. Wo sonst gibt es so große Porzellanfiguren? Selbst vom Kummer gebeugt, wenden sie sich den weinenden Kindern zu ihren Füßen zu, trösten, hüllen sie ein wie Schutzmantelmadonnen.

Es ist ein befremdlicher Kontrast zwischen dem luxuriösen

Material, der Fülle und Größe der Objekte, dem grellen Weiß und der Glätte der Oberflächen einerseits und andererseits den Gefühlen, die hier einen einzigartigen Ausdruck gefunden haben: dem bitteren Schmerz, der hoffnungslosen Verzweiflung, der Erschütterung über die Sinnlosigkeit der Gewalt. Deshalb vergisst man in dieser Porzellankirche all die lieblichen Figuren von fröhlichen Hirten, eleganten Fräuleins, seltenen Vögeln, Engelchen und Musikanten oder all die teuren Teller und Tassen, für die diese Stadt weltberühmt ist. Kitschig ist hier nichts, alles ist reine, blanke Trauer.

Geschaffen wurde dieser Innenraum zwischen 1921 bis 1929, fast eintausend Jahre nach der Errichtung der Nikolai-Kirche. Nach dem Ersten Weltkrieg wusste man nichts Rechtes mehr mit ihr anzufangen. Sie verfiel zusehends. Da entstand die Idee, die Kirche in eine Gedenkstätte zu verwandeln. Der Leiter der Königlichen Porzellan-Manufaktur, Max Adolf Pfeiffer, unterstützte dies – als Nachbar und weil es eine willkommene Arbeitsbeschaffungsmaßnahme war. Allerdings nahm er dabei ein hohes finanzielles Risiko auf sich. Sein wichtigster Designer war Emil Paul Börner, der sich mit erstaunlicher künstlerischer Freiheit an die Arbeit machte und dafür fast ein Jahrzehnt brauchte.

Kirchen sind immer auch Erinnerungsorte. Das zeigt sich besonders bei den Gedenktafeln und Denkmälern für gefallene Soldaten, die sich vielerorts in deutschen Sakralbauten finden. An ihnen entzündete sich in der alten Bundesrepublik, vor allem in den sechziger und siebziger Jahren, ein intensiver Streit. Pastoren und Kirchenvorstände kämpften darum, diese Tafeln und damit die Reste eines militaristisch-nationalistischen Ungeistes zu verbannen. Das rief Widerstände hervor. In der ehemaligen DDR war es etwas anders. Hier wurde alles, was dem staatlich verordneten Gedenken nicht entsprach, an den Rand gedrängt. Wenn man also in Ostdeutschland die Gedenktafeln in den

Kirchen beließ, war dies kein Zeichen für eine reaktionäre Gesinnung, eher das stillschweigende Übergehen sozialistischer Gedenkvorschriften zugunsten der gefallenen Nachbarn, Freunde und Verwandten.

Doch wie geht man heute mit solchen Tafeln um? Man sollte sie zunächst als Zeichen ihrer Zeit betrachten. Dann kann man erkennen, dass sie zwar häufig auch militärisch-nationale Machtzeichen waren, aber nicht nur. Sie lassen sich zugleich als Versuche einer Humanisierung des Krieges deuten. Das mag erstaunlich klingen. Aber man muss sich vergegenwärtigen, dass man bis weit ins 19. Jahrhundert die gefallenen Soldaten auf dem Schlachtfeld liegen ließ. Ihr Tod wurde nicht registriert, ihre Familien wurden nicht benachrichtigt, nirgends wurde ihrer gedacht. Öffentlich zur Kenntnis genommen und betrauert wurde allein der Tod von Heerführern und Monarchen. Das änderte sich, als man die Wehrpflicht einführte und das alte Söldner- durch das moderne Volksheer ersetzte. Wenn von nun an Männer aus der Bevölkerung den Krieg führen sollten, musste die Obrigkeit deren Bedürfnissen entsprechen: also Auskunft darüber geben, welcher Ehemann oder Sohn wie, wann und wo gefallen war, und dafür sorgen, dass jeder Tote ein anständiges Grab erhielt oder, wenn das nicht möglich war, dass zumindest an ihn namentlich erinnert wurde, etwa mit Hilfe kirchlicher Gedenktafeln. Man kann darin also eine Demokratisierung des Gedenkens sehen: Nun war auch der einfache Soldat denkmalwürdig.

Aber selten wurden das Humane und Demokratische des Totengedenkens so klar und leuchtend ins Bild gesetzt wie in dieser kaum bekannten – und inzwischen leider schwer sanierungsbedürftigen – Meißener Porzellankirche. Der Künstler war im Krieg gewesen, hatte das Grauen selbst erlebt und verzichtete deshalb auf jede Form der Heroisierung: keine militärischen Accessoires, Rangabzeichen, Adler, Löwen, Fahnen oder Orden. Die einzigen Waffen, die es zu sehen gibt, sind die von Frauenfüßen zertretenen Schwerter. Überhaupt fehlt alles Männliche – wenn man vom Altarbild des Auferstandenen absieht. Zu sehen sind nur weinende Kinder und Mütter. Ihre Trauer ist ohne jede Aggression, sie will keine Rache. Sie braucht auch keine falsche Frömmigkeit, die das sinnlose Massensterben zum vaterländischen Opfer verklärt oder mit dem Sterben Jesu Christi kurzschließt wie in so vielen anderen Kirchen. Diese traurige Menschlichkeit wird kunst- und liebevoll mit dem Schönsten ausgeschmückt, was die Heimat der Toten zu bieten hat, nämlich Porzellan. Ursprünglich den Reichen und Mächtigen vorbehalten, wird «das weiße Gold» hier – auch weil die Figuren heute so verletzlich wirken und ihre Zukunft wegen komplizierter Restaurierungsaufgaben unsicher ist – zum Sinnbild einer demokratischen Solidarität, die sich nicht mehr um Abstufungen nach militärischem Rang, Klassen- oder Religionszugehörigkeit und Geschlecht schert, weil vor dem Tod alle gleich sind. Um diese Gleichheit und grenzüberschreitende Allgemeinheit des Gedenkens auszudrücken, ließ der Künstler sogar gegen einigen Protest ein Buddha-Zitat in die Altarstufe einprägen. Man kann es mit einiger Mühe noch entziffern: «Erscheinung vergeht, harret aus im Streben.»

Umstrittene Gedenktafeln: Windhoek, Namibia

22° 34′ 39″ südlicher Breite; 17° 5′ 14″ östlicher Länge

Schon die Straßenschilder zeigen an, dass dies eine Kreuzung der Konflikte ist. Dort, wo heute die «Robert Mugabe Avenue» auf die «Fidel Castro Street» trifft, steht die wichtigste Kirche der deutschstämmigen Christen in Namibia. Die evangelisch-lutherische Christuskirche liegt malerisch auf einer Anhöhe, dem historischen Zentrum von Windhoek. Von hier aus kann man weit über die Hauptstadt schauen. Als sie gebaut wurde – die Grundsteinlegung fand 1907, die Einweihung 1910 statt –, waren die beiden Straßen, die zu ihr führten, noch nach Peter Müller, einem der ersten Bürgermeister, und Theodor Leutwein, einem Gouverneur und Kommandeur der deutschen «Schutztruppen», benannt. Damit war diese Kirche als religiöses Zentrum des kolonialen Deutsch-Südwestafrika ausgewiesen. Doch heute liegt sie im Schnittpunkt zweier Straßen, die nach berühmten Vorkämpfern der Entkolonialisierung benannt sind, aus denen dann allerdings hochproblematische Dktatoren wurden.

Gleich hinter der Christuskirche befindet sich das riesige Unabhängigkeitsmuseum von Namibia. Die einen sind stolz darauf, für andere ist es eine kolossale Scheußlichkeit nordkoreanischer Baukunst. Im Volksmund wird es «Kaffeemaschine» genannt, und tatsächlich sieht es genau so aus. Davor steht eine monumentale Statue von Sam Nujoma, dem langjährigen Anführer der antikolonialistischen SWAPO und ersten Präsidenten der neuen Republik Namibia. Auch sein Standbild lässt schon von ferne die nordkoreanische Machart erkennen. Das Museum stellt die Christuskirche in den Schatten, aber auch die Alte Feste zu seiner rechten Seite, die als Keimzelle des kolonialen Windhoek gilt.

Früher stand vor dieser Festung ein Reiterstandbild, das folgende Botschaft verkündete:

«Zum ehrenden Angedenken an die tapferen deutschen Krieger, welche für Kaiser und Reich zur Errettung und Erhaltung dieses Landes während des Herero- und Hottentotten-Aufstandes 1903–1907 und während der Kalahari-Expedition 1908 ihr Leben ließen»

«Zum ehrenden Angedenken auch an die deutschen Bürger, welche den Eingeborenen im Aufstande zum Opfer fielen.»

Gefallen, verschollen, verunglückt, ihren Wunden erlegen und an Krankheiten gestorben, von der Schutztruppe: Offiziere 100, Unteroffiziere 254, Reiter 1180, von der Marine: Offiziere 7, Unteroffiziere 13, Mannschaften 72, im Aufstande erschlagen: Männer 119, Frauen 4, Kinder 1.

Inzwischen wurde der notorische Reiter in den Innenhof der Alten Feste verbracht, wo ihn eigentlich niemand mehr anschauen kann – nur vom Dachrestaurant des Museums kann man ihn noch sehen. An seine Stelle vor der Alten Feste ist ein wiederum nordkoreanisches Genozid-Denkmal gesetzt worden, das drastisch an die andere Seite der Geschichte, nämlich die massenhafte Tötung von Ovaherero und Nama, erinnert.

Mitten in diesem Konfliktensemble liegt also die sehr schöne und friedlich wirkende Christuskirche: neoromanisch mit einigen Jugendstilanleihen, gebaut aus gelbbraunem Quarzsandstein. Betritt man den hohen, hellen Innenraum, fällt einem sogleich eine riesige, dreiteilige Tafel an der rechten Wand auf. Sie ist mit Abstand der größte Einrichtungsgegenstand der Kirche, größer sogar als die Orgel. Etwa zweitausend Namen mitsamt militärischem Rang sowie Sterbedatum und -ort sind auf der dunklen Bronze mit goldenen Lettern angebracht und darüber die Widmung:

Den seit Errichtung der deutschen Schutzherrschaft für Kaiser und Reich gefallenen Kameraden sowie den seit dieser Zeit für das Schutzgebiet um das Leben gekommenen deutschen Bürgern, Frauen und Kindern zum ehrenden Angedenken gewidmet von der Schutztruppe und der Bevölkerung dieses Landes

Seltsam, kein Bibelvers, geistliches Motto oder christliches Symbol befindet sich auf der Tafel. Sie wurde von Bürgern des kolonialen Deutsch-Südwestafrika aufgehängt, die wesentlich zum Bau der Kirche beigetragen haben. Die dreiteilige Tafel ist genau genommen ein rein weltliches Denkmal. Eigentümlich schwer, mächtig, dunkel und stumm hängt sie im Raum. Die kolonialen Gewaltverbrechen deutscher Truppen an den Abertausenden Ovaherero und Nama sind ausgeblendet. Fast wären diese Volksgruppen, unter denen sich übrigens auch lutherische Christen befanden, ausgelöscht worden. Warum hat man die Tafel nicht längst aus der Kirche entfernt?

Schon in der ehemaligen Heimat hat man sich lange Zeit sehr schwergetan, die kolonialen Gewalttaten als solche zu benennen, anzuerkennen und um Verzeihung zu bitten – ohne damit auch gleich auf Reparationsforderungen der namibischen Seite einzugehen. Die Evangelische Kirche in Deutschland hat sich inzwischen zu ihrer historischen Verantwortung bekannt und um Entschuldigung gebeten. Doch dies ist in Namibia nicht nur positiv aufgenommen worden. In diesem Land mit seinen etwas über zwei Millionen Einwohnern gibt es drei lutherische Kirchen: je eine für die Ovambo – die mit Abstand größte Bevölkerungsgruppe –, eine für die Herero, Nama sowie weitere kleine Bevölkerungsgruppen und eine für die Deutschstämmigen. Letztere reagierten verhalten bis ungehalten auf die Schuldbekenntnisse aus Deutschland. Sie fühlten sich öffentlich beschämt, als Kirche der Täter diffamiert, zumindest bevormundet und nicht angemessen beteiligt. Zudem fragen einige Deutsch-namibier, ob nicht auch an ihre Opfer erinnert werden sollte: zum Beispiel an ihre Vorfahren, die von den Engländern während der Weltkriege in Internierungslager verbracht wurden. Andere fordern, dass auch der dunklen Aspekte des Guerilla-befreiungskampfes gedacht wird. Aber die SWAPO, die als Partei der größten Volksgruppe, der Ovambo, Namibia seit der Unabhängigkeit 1990 beherrscht, zeigt daran wenig Interesse. Im Streit um das richtige Geschichtsgedenken spielen natürlich aktuelle Konflikte eine erhebliche Rolle, etwa die Frage nach einer möglichen Landreform beziehungsweise die Furcht vor willkürlichen Enteignungen.

Man muss sich die komplexen Geschichten der unterschied-lichen Volksgruppen miteinander, ihre gegenwärtigen Konflikte und jeweiligen Ängste vor Augen führen, wenn man die selt-samen Gedenktafeln in der Christuskirche von Windhoek be-trachtet und über ihre Daseinsberechtigung nachdenkt. Aber irgendwann muss man sich entscheiden. Doch wie? Einige in der Gemeinde der Christuskirche würden sie am liebsten in der Kir-che belassen. Andere sehen das Ziel in einer neuen, «namibischen Gedenk- und Versöhnungskultur – mit den Tafeln», aber präzise kommentiert. Andere wünschen sich, dass sie künstlerisch ver-hüllt oder verfremdet werden. Wieder andere sprechen sich dafür aus, dass die – an sich ja ganz unkirchlichen – Tafeln in ein öffentliches Museum verbracht oder im alten deutschen Friedhof gleich in der Nähe aufgerichtet werden. Doch dazu fehlt man-chen das Vertrauen in die Museumsleitungen und politisch Ver-antwortlichen. So bleiben die merkwürdigen Tafeln einstweilen hängen.

8. Gipfel des Heiligen

Der Kampf um den Mauna Kea auf Hawaii

19° 49′ 15″ nördlicher Breite; 155° 28′ 5″ westlicher Länge

Nicht der Mount Everest ist der höchste Berg der Erde, sondern der Mauna Kea auf Hawaii. Zwar erhebt sich dieser Vulkan nur 4200 Meter über der Oberfläche des Pazifischen Ozeans. Rechnet man aber den Teil hinzu, der unter dem Meer liegt und 6000 Meter misst, dann überragt er mit 10 200 Metern Gesamthöhe den viel bekannteren höchsten Gipfel des Himalaya um ganze 1400 Meter. Der Mauna Kea ist zudem wunderschön, wie er die kleine Insel krönt, erhaben und einsam weit über das unendliche Meer schaut. Er ist aber auch heilig, ein Ort des Gebets und der Begegnung zwischen Lebenden und Toten, Menschen und Göttern. Diese uralte Heiligkeit ist heute zum Politikum geworden.

Denn es ist geplant, auf dem Mauna Kea das größte Teleskop der Welt zu errichten. Das Thirty Meter Telescope (TMT) soll Daten und Erkenntnisse über das Universum liefern, die mit bisherigen Instrumenten unerreichbar wären. Es ist ein wissenschaftliches Projekt von epochaler Bedeutung, an dem sich Forscher aus aller Welt beteiligen. Das immense Instrument soll die Höhe eines Hauses mit achtzehn Stockwerken erreichen. Nach einem aufwendigen Auswahlverfahren wurde der Mauna Kea als geeignetster Ort für das TMT ausgewählt: Er ist ausreichend hoch und so abgelegen, dass keine Licht- oder Luftverschmutzung den Blick in den Himmel trübt.

Dagegen richtet sich eine überraschend starke und erstaunlich religiöse Protestbewegung. Zwar wurde das Vorhaben nach langen Vorbereitungen, ökologischen Untersuchungen, juristischen Klärungen und Bürgerbeteiligungen 2013 endlich genehmigt. Doch konnte dies nicht verhindern, dass sich massiver Widerstand regte. Schon seit den 1960er Jahren gab es Proteste gegen die dreizehn Observatorien, die bisher auf dem Mauna Kea errichtet wurden, die jedoch kaum Beachtung fanden. Das ist jetzt anders, die Proteste werden gehört. Wirkungsvoll verknüpfen sie mehrere Vorwürfe: Das TMT schade den Tieren und Pflanzen auf dem Mauna Kea, zerstöre sein Erscheinungsbild, missachte seine religiöse Bedeutung und verstoße gegen die Rechte der Einheimischen.

So kam es am 7. Oktober 2014 zu einer denkwürdigen Begebenheit. Am Mauna Kea sollte der erste Spatenstich für das TMT begangen werden. Unter freiem Himmel hatte ein Fernsehteam

Position bezogen, ein Rednerpult und Klappstühle waren aufgestellt worden, Astronomen aus aller Welt – in wetterfester Kleidung und mit Blätterkränzen über ihren Anoraks – hatten Platz genommen, als plötzlich ein junger Hawaiianer – barfuß, nur mit einem Lendenschurz und einem Umhang bekleidet, mit traditionellem Schmuck auf der nackten Brust und an den Armen – die Zeremonie störte. Auf Hawaiianisch und Englisch wies er die Ehrengäste scharf zurecht: «Wie Schlangen seid ihr!» Er forderte Respekt für den heiligen Berg und den Protest der Einheimischen ein: «Unsere Welt stirbt! Was für eine Schande!» Peinlich berührt und sprachlos, ließen die Gäste dies über sich ergehen. Der bemerkenswerte Auftritt wurde gefilmt, der Clip ungezählte Male angeschaut und geteilt.

Es blieb nicht die einzige Aufsehen erregende Beschämungsaktion. Immer wieder werden Zugangsstraßen blockiert und Baumaßnahmen behindert. In Pu'u Huluhulu, auf dem Hochplateau zwischen Mauna Kea und dem Nachbarberg Mauna Loam, wurde eine Zeltstadt der Bergschützer errichtet. Deren Proteste sind stets friedlich. Sie können auf Gewalt verzichten, weil sie über viel wirkungsvollere Waffen verfügen: religiöse Traditionen und Praktiken. Die Aktivisten begrüßen einander mit dem traditionellen Gruß, indem sie Stirn an Stirn und Nase an Nase legen, sie singen und tanzen, schichten Schreine («Ahu») auf und schmücken sie, bilden Menschenketten und formen – wie man es von US-amerikanischen Evangelikalen kennt – kleine Gebetskreise. Um Verhaftungen und Räumungen zu verhindern, überreichen sie den Polizisten Blumenketten als Zeichen des Friedens. Nur mit Worten gehen sie die Verantwortlichen und Ordnungshüter an, appellieren an deren Sinn für Pietät, beschwören die Heiligkeit ihres Berges. Dabei verbinden sie Schärfe mit Verletzlichkeit, tun ihren Zorn ebenso wie ihre Trauer kund, oft brechen sie mitten während ihrer heftigen Anklagen in Tränen aus. So überwinden sie ihre so viel mächtigeren Gegner. Dabei werden die Kontrahenten sich wahrscheinlich häufig persönlich kennen. Hawaii ist ja eine kleine Insel.

In ihrer Kleidung und ihrem Schmuck vermischen die Aktivisten Traditionelles und Modernes, aktuelles Freizeitoutfit mit Blumenkränzen, Baseballkappen mit Ketten und Tätowierungen. In der ersten Reihe stehen oft alte hawaiianische Frauen und Männer, auch um die Polizei von massiven Maßnahmen abzuhalten. Doch das Gros der Protestierenden dürfte zwischen zwanzig und fünfunddreißig Jahre alt sein. Das hat viele Gründe. Die Jüngeren wissen oft mehr über die einheimischen Traditionen und sprechen die Sprache Hawaiis besser als ihre Eltern und Großeltern. 1895 hatten US-Kolonisatoren die Sprache der Einheimischen verboten, ihre Kultur ins Abseits gedrängt. Es hat bis in die 1980er Jahre gedauert, dass das eigene Erbe einen angemessenen Platz in der Schulbildung erhielt. Die Jüngeren wissen heute auch besser die einheimische Religion Hawaiis und ihre Rituale politisch einzusetzen und kreativ fortzuschreiben. Dabei hilft ihnen als *digital natives*, dass sie ganz anders als die Älteren Botschaften in sozialen Netzwerken verbreiten. Hinzu kommt, dass es im Unterschied zur Zeit der ersten Proteste inzwischen professionelle einheimische Medien, vor allem hawaiianische Fernsehprogramme, gibt. Die jungen Widerstandskämpfer kennen die Wirksamkeit der Bilder, die sie schaffen und verbreiten, und nutzen dies für ihren Kampf.

Doch im Gegensatz zur «Generation Greta» in Nordamerika und Westeuropa geben sie ihrem Engagement eine religiöse Gestalt. Viele der Aktivisten – die sich «Kia'i» nennen, also *protectors* und nicht *protestors* – bezeichnen ihre Symbolhandlungen als *traditional, cultural* oder *spiritual*. Einige von ihnen würden von sich behaupten, nicht gläubig zu sein, dennoch sprechen sie als Teil ihres gewaltlosen Widerstands alte Gebete. Als wie «religiös» sie sich auch immer verstehen mögen, ob sie Christen sind, exklusiv die einheimische Religion pflegen oder beides miteinander verbinden, sie eint das Gefühl für die Heiligkeit des Berges, die sie schützen wollen. Bemerkenswert ist, wie kreativ die jungen Kia'i traditionelle Formen aufgreifen und weiterschreiben. Mit großer Emphase singen sie traditionelle Lieder oder schaffen neue Gesänge in altem Stil. Wie zum Beispiel diesen:

> Vorwärts, ihr Jungen, die ihr die bitteren Wasser trinkt!
> Seid ohne Furcht, unerschütterlich, denn es gibt kein Zurück!
> Lasst uns vorwärtsstreben, auf dem Weg zum Sieg!
> Auf! Jämmerlich sind die herzlosen Fremden.
> Ehre sei euch, für immer, oh, ihr geliebten Nachkommen
>   des Landes!
> Lasst uns die geliebte ʿAʿaliʿi [Dodonaea viscosa] tragen,
>   die Blume unseres geliebten Landes!
> Paddelt weiter in unserem Kampf für Bürgerrechte und
>   Gerechtigkeit,
> bis unsere Würde und Unabhängigkeit wiederhergestellt sind!

Besonders eindrucksvoll ist das Lied «Warrior Rising» von Hawane Rios. In einem YouTube-Clip steht die junge Künstlerin gemeinsam mit einem Gitarristen, einer Bassistin und dem Rapper-Aktivisten Lakea Trask draußen vor dem Berg. Im Hintergrund sieht man einen Ahu. Zunächst dankt sie allen Unterstützern und betont die Bedeutung des Kampfes um die Unversehrtheit des heiligen Mauna Kea, dann trägt sie eine emotionale Widerstandsballade vor. Dazwischengeschnitten sind Fernsehbilder von Menschenketten, Demonstrationen, Tänzen und Gesängen, der Errichtung und Verehrung von Schreinen. Am Ende liefert Lakea Trask einen energischen, englisch-hawaiianischen Rap mit der Botschaft: «Lasst uns unser Land zurückholen!»

Die Ordnungsmacht hat dem Protest nur die ungenügenden Instrumente staatlicher Gewalt entgegenzusetzen: waffengestützte Präsenz, Ausrufung des Notstands, Verhaftungen, Verurteilungen, Gefängnisstrafen. Langsam scheint den politisch und polizeilich Verantwortlichen zu dämmern, dass sie die Opferbereitschaft der Aktivisten, die Überzeugungskraft ihrer Botschaft sowie die kommunikative Macht ihrer Symbole, Rituale und Verse unterschätzt haben, dass sie gegen diesen Widerstand vielleicht nicht ankommen werden. Die Aktivisten wiederum haben begriffen, dass ihr Widerstand eine erhebliche Störkraft entfaltet. Denn jetzt ist die Zeit gekommen, dass ihr Anliegen gehört wird. Die Sorge um die Natur am Mauna Kea ist alt, bekommt jedoch in Zeiten der Erderwärmung eine neue Wucht – zumal im Pazifik, wo kleinere und niedrigere Inseln akut von der Auslöschung bedroht sind. Hinzu kommt eine visuelle Seite. Selbst wenn das TMT der Flora und Fauna kaum schaden sollte, könnte es doch, je nach Perspektive, das Angesicht des Berges zerstören, seine Linien und Proportionen brechen. Mit der Schönheit ist auch die Heiligkeit des Berges gefährdet. Dieser sollte dem verwertenden Zugriff des Menschen entzogen sein. Er gilt den Hawaiianern als tabu.

Das Tabu – auf Hawaiianisch *kapu* – hat in den Religionen der Südsee eine lange Tradition. Ursprünglich bezeichnete es etwas, das nicht getan oder berührt werden darf, weil es *sacred* ist: Diese Heiligkeit ist auch bedrohlich, denn in ihr wirken Kräfte, die Unheil bringen, wenn man ihnen zu nahe kommt. Im heutigen Kampf um den Mauna Kea jedoch bedeutet *sacred* oder *kapu* nicht mehr etwas, das elementare Angst weckt und vor dem man Scheu oder gar Abscheu empfindet – im Gegenteil, hier geht es um etwas, das unbedingt wertvoll und liebenswert, allerdings auch schwach und bedroht ist.

Mit der Heiligkeit des Berges stehen auch Religion und Kultur der Hawaiianer auf dem Spiel. Es geht in diesem Konflikt nicht zuletzt um die Rechte der Einheimischen. Gegenwärtig kämpfen viele *native people* überall auf der Welt für ihre Rechte, ihr Land, ihre Kultur, ihre Religion. In den USA wehren sich First Nations gegen Ölbohrungen oder Ölleitungen auf ihren Gebieten. In Australien konnten die Aborigines einen Sieg über den Massentourismus erringen: Ihr heiliger Berg Uluru (früher auf Englisch: Ayers Rock) wurde für Besucher gesperrt. In Europa und Nordamerika werden Museen mit der Frage konfrontiert, wann sie unrechtmäßig erworbene Kultgegenstände sowie menschliche Gebeine aus ehemaligen Kolonialgebieten zurückgeben. Der Kampf gegen das TMT auf dem Mauna Kea ist also Teil einer weltweiten Bewegung, einer indigenen Gegenglobalisierung.

Interessant ist besonders, wie religionsproduktiv dieser Konflikt ist. Man kann nicht sagen, dass die jungen Protestierenden die hawaiianische Religion bloß benutzen würden, um moralischen und politischen Druck auszuüben. Eher ist es so, dass sie sich selbst im Protest auf neue Weise als religiös erleben. Dabei erfahren sie eine erregende Umkehrung der Werte. Gerade das, was früher von westeuropäischen und nordamerikanischen Kolonisatoren, Zivilisationsagenten, Missionaren, Lehrern und Wissenschaftlern als besonders verachtungswürdig eingestuft wurde – ihre Religion –, erweist sich nun als besonders mächtig. Man könnte von einer religiösen Renaissance am Mauna Kea sprechen. Dabei sollte man aber bedenken, dass sie nicht in einer Wiederauflage einer vorkolonialen, rein hawaiianischen Religion besteht, sondern in deren Neugestaltung.

Inzwischen melden sich jüngere Astronomen selbstkritisch zu Wort. Der Streit um den fernen Mauna Kea hat die US-amerikanischen Universitäten erreicht und verbindet sich dort mit Generations- und Identitätskonflikten. In Santa Barbara, aber auch anderswo gibt es Informations- und Protestveranstaltungen. Unter dem Titel «Protecting Mauna Kea» informieren Anführer der hawaiianischen Einheimischen und *cultural practitioners*, also Menschen, die die traditionellen – um nicht zu sagen: religiösen – Riten vollziehen, über die Widerstandsbewegung. In Yale haben Mitarbeiter des Native American Cultural Center gemeinsam mit dem hawaiianischen Studenten Micah Clemens einen offenen Brief gegen die jahrzehntelange Nutzung der schon existierenden Teleskope am heiligen Berg verfasst. Darauf war das Astronomy Department offenbar nicht vorbereitet. Obwohl man schon so lang auf Hawaii forscht, hatte man nie über die ethischen und politischen Aspekte der eigenen Arbeit diskutiert. Einer der Unterzeichner erklärte: «Wir haben die ethische Verpflichtung, die Rechte der Menschen über unsere Wissenschaft zu stellen. Sonst wäre unsere Forschung unethisch.»

Solche Vorwürfe möchten die Forscher, die einen wesentlichen Teil ihrer Lebensarbeitszeit in dieses Vorhaben investiert haben, nicht auf sich sitzen lassen. Frustriert berichten sie, wie sehr sie sich um ein Einvernehmen bemüht hätten. Ratlos und zugleich empört erzählen sie, wie sich plötzlich ein Protest erhoben habe, von dem sie immer noch nicht recht wüssten, woher er stamme. Sie fragen, mit welchem Recht selbsternannte Bergbeschützer die Kompromisse zerbrechen, die in einem demokratisch und juristisch legitimierten Verfahren geschlossen worden seien. Betreiben diese nicht eine «Identitätspolitik von links», die auf künstliche Weise «einheimisch» gegen «fremd», «traditionell» gegen «modern» setzt und dadurch zu einer Polarisierung führt, die sich in einem demokratischen Prozess nicht mehr auflösen lässt?

Viel spricht dafür, dass der Protest am Ende siegreich sein wird. So jedenfalls schätzt es Lorenz Gonschor ein, ein deutscher Politikwissenschaftler, der lange Zeit an der University of Hawaii gelehrt hat: «Das TMT könnte nur dann gebaut werden, wenn die Regierung des Bundesstaates bereit wäre, das Protestcamp mit Gewalt aufzulösen und dann die gesamte Zugangsstraße mit Hunderten bewaffneter Sicherheitskräfte während der gesamten Bauzeit rund um die Uhr zu bewachen. Für ein ziviles wissenschaftliches Unternehmen werden sich die astronomischen Kosten zur Sicherung des Projekts nicht lohnen. Den Investoren wird die ganze Warterei auf den Baubeginn und die Furcht, womöglich für die genannten Sicherheitskosten aufkommen zu müssen, sicherlich irgendwann zu viel.»

Wie immer die Sache ausgeht, es könnte sinnvoll sein, wenn die Astronomen – durch diesen Konflikt angestoßen – neu über sich selbst nachdächten: über ihr Auftreten, ihre politische Rolle, ihre gesellschaftliche Verantwortung. Nicht schaden könnte es, wenn sie sich dabei auch Gedanken über das Heilige machten – worin es für andere Menschen besteht, die von ihren Projekten betroffen sind, und – warum nicht? – ob es nicht auch für sie selbst eine Bedeutung besitzen könnte. Denn zum einen braucht auch die spätmoderne Wissenschaft ein Bewusstsein für die Grenzen des eigenen Tuns. Zum anderen könnte es doch sein, dass gerade die Astronomie, die zu den letzten Geheimnissen des Universums vorstoßen will, nicht eine restlose Entzauberung der Welt betreiben will, sondern dass auch ihr etwas heilig ist.

Der Berg der nächtlichen Gebete: Paju, Südkorea

37° 45′ 36″ nördlicher Breite; 126° 46′ 49″ östlicher Länge

Der «Osanri Choi Ja-sil Memorial Fasting Prayer Mountain», kurz Prayer Mountain, nahe der südkoreanischen Kleinstadt Paju an der Grenze zu Nordkorea, hat für das Glaubensleben vieler Christen eine unschätzbare Bedeutung. Die Vorstellung, dass Berge Orte sind, an denen man Gott begegnen kann, hat in Korea eine sehr lange buddhistische, konfuzianische und volks-religiös-schamanistische Tradition. Diese wurde von den korea-nischen Protestanten aufgenommen und verwandelt. Am Ende des 19. Jahrhunderts waren Missionare aus den USA nach Korea gekommen und hatten damit begonnen, Menschen zu ihrem Glauben zu bekehren. Doch die Neugetauften wurden von ihren Familien sowie den Vertretern der alteingesessenen Religionen – Buddhismus und Konfuzianismus – heftig drangsaliert. Unter japanischer Kolonialherrschaft, seit 1910, nahmen die Verfol-gungen an Konsequenz und Brutalität noch zu. Die Koreaner wurden verpflichtet, an Shinto-Zeremonien teilzunehmen und den Kaiser als Nationalgott zu verehren – für Christen eine un-mögliche Forderung. Ihre Weigerung brachte viele von ihnen ins Gefängnis, nicht wenige wurden getötet. Da die Christen ihren Glauben nicht offen und frei zeigen durften, stiegen sie nachts heimlich auf abgelegene Berge, um dort zu beten. In Korea ist es bis heute üblich, dass man laut betet, nicht still in sich hinein. Wer also damals beten wollte, brauchte einen Ort, an dem die eigenen Rufe zu Gott ihn nicht in Gefahr bringen würden. Was lag näher, als auf einen der vielen Berge – Korea besteht zu 70 Prozent aus Gebirge – zu steigen? Inbrünstig und verzweifelt

Gipfel des Heiligen

müssen die ersten bedrängten Christen von dort ihre Klagen und Bitten vor Gott gebracht haben. Daraus entwickelte sich in den 1940er Jahren eine eigenständige Frömmigkeitsform: «The Prayer Mountain Movement». Seither ist es ein Kennzeichen des koreanischen Christentums, für eine längere Zeit auf Berge zu gehen, um dort zu beten und zu fasten. Auf diesen Gebetsbergen haben übrigens Frauen als charismatische Anleiterinnen und seelsorgerliche Begleiterinnen deutlich mehr Entfaltungsmöglichkeiten als in den eher patriarchal geprägten Kirchen im Tal.

Die Yoido Full Gospel Church, die größte pfingstlerische Gemeinde in Korea, hat diese Tradition aufgegriffen und 1973 auf einem Berg bei Paju ein riesiges Zentrum errichtet. Es ist für mehr als zehntausend Besucher ausgelegt, verfügt über Unterkünfte, Restaurants, Parkplätze, eine große moderne Kirche mit einem fernsehgerechten Auditorium, wie man es von US-amerikanischen Mega-Churches kennt, sowie über einen eigenen Friedhof. Über das Jahr verteilt, sollen über eine Million Menschen hierherkommen, aus Südkorea und der ganzen Welt. Denn David Yonggi Cho, der langjährige Leiter der Gemeinde, war ein weitgereister Wunderprediger, der auf fremden Kontinenten Werbung für seinen Gebetsberg machte. Charismatische Gottesdienste werden hier gefeiert mit ansteckend fröhlicher Popmusik, strengen Predigten, Heilungswundern und ekstatischen Zungenreden.

Zum Beten gehen die Besucher auch in einen ausgedehnten, gepflegten Park, wo sie auf Bänken und unter Bäumen verweilen können. Vor allem aber nutzen sie die über zweihundert «Gebetsgrotten». Diese befinden sich gleich bei den Parkplätzen und sehen eher wie Umkleidekabinen aus. In diesen kargen, nur mit einer Bodenmatte und einer schlichten Lichtquelle ausgestatteten Zellen können die Besucher sich ganz allein für eine Nacht oder länger zurückziehen, fasten, die Bibel lesen und beten. Besonders Menschen, die sich in einer Lebenskrise befinden oder vor einer großen Entscheidung stehen, nehmen dieses Angebot an, bitten hier um Heilung oder Orientierung und hoffen auf eine Antwort Gottes. Darunter sind viele junge Menschen, die überlegen, ob sie Theologie studieren und Pastoren werden sollen.

Wer nachts an diesen Gebetszellen vorübergeht, kann hören, wie darin laut geschluchzt, geklagt, gestritten, gebetet, gesungen oder in Zungen gesprochen wird: Koreanische Gebetsberge sind Stätten des geistlichen Kämpfens. Hier wird mit Gott gerungen, sein Name begeistert gepriesen – bis zur völligen stimmlichen Erschöpfung. Im Internet finden sich begeisterte Zeugnisse von Menschen, die hier in der Nachfolge der ersten verfolgten Christen in Korea gebetet haben. Von dem Berg selbst wird dabei jedoch nie gesprochen, seine natürliche Schönheit, erhabene Höhe und Ehrfurcht gebietende Erscheinung wird nicht erwähnt. Denn das Entscheidende spielt sich nicht oben auf dem Gipfel ab, sondern tief im Inneren derer, die sich in den Gebetszellen eingeschlossen haben.

Der Hügel der Kreuze in Litauen

54° 28′ 31″ nördlicher Breite; 21° 48′ 48″ östlicher Länge

Aus der Ferne sieht es aus wie ein überdimensionierter Schrotthaufen – ein wildes Gewirr von Metallstäben, die spitz in die Höhe ragen. Dabei ist es das Nationalheiligtum Litauens. Etwa zwölf Kilometer nördlich der Kleinstadt Šiauliai, auf der Fernstraße nach Riga in Lettland, geht es ab, über einige Wiesen, bis man den «Berg der Kreuze» erreicht. In Wahrheit ist es nur ein Doppelhügel von ungefähr zehn Metern Höhe. Aber weil er vollständig und chaotisch wuchernd mit Kreuzen überzogen ist, bietet er dennoch einen erhabenen Anblick, allerdings der bizarren Art: an die hunderttausend Kreuze aus Metall, Holz oder Stein, einige roh zusammengeschweißt oder -genagelt, andere recht kunstvoll gestaltet, mit der Gestalt des Gekreuzigten und ohne, mit Inschriften in vielen Sprachen, die großen Kruzifixe über und über mit Rosenkränzen und kleineren Kreuzketten behängt. Ein Weg und dann eine Holztreppe führen mitten durch dieses katholische Symboldickicht zu einer Marienfigur oben.

Auf diesem Kreuzberg zeigt sich, was ein Nationalheiligtum ist. Denn hier sind Kirche, Volksfrömmigkeit und patriotische Erinnerungskultur untrennbar verschmolzen. Ursprünglich soll hier eine slawische Burg – vielleicht sogar eine Kultstätte – gestanden haben, die im 14. Jahrhundert von Kreuzrittern zerstört wurde. Bedeutsam wurde dieser Ort aber erst ein halbes Jahrtausend später. Zweimal versuchten die Litauer, sich gegen die russische Herrschaft aufzulehnen. Doch ihre Aufstände 1830/31 und 1863/64 wurden brutal niedergeschlagen. Auf dem Hügel sollen einige Rebellen hingerichtet worden sein. Eine andere Überlieferung erzählt, dass die Familien von Getöteten hier erste Kreuze aufstellten. Sie wussten nicht, wo ihre Väter, Brüder oder Söhne gefallen waren, daher wollten sie ihnen ein Ersatzgrab schaffen, in dem ihre Seelen Ruhe finden konnten. Um 1900 gab es um die einhundertfünfzig Kreuze auf dem Hügel. Bis 1940 kamen zweihundertfünfzig weitere hinzu – eine vergleichsweise überschaubare Anzahl.

Dann brach der Zweite Weltkrieg aus. Litauen wurde von der Sowjetunion besetzt, von NS-Deutschland erobert, anschließend fiel es wieder an die Sowjets. Nach dem Krieg und bis zu Stalins Tod sollen über hunderttausend Litauer nach Sibirien verschleppt worden sein. Als die Überlebenden 1953 zurückkehren durften, kamen sie zum heiligen Hügel und stellten Kreuze auf, um an ihre im Gulag umgekommenen Kameraden zu erinnern. Viele Gläubige und patriotisch Gesinnte schlossen sich an. So wuchs ein religiös-politischer Wallfahrtsort heran. Das wollte die kommunistische Obrigkeit nicht hinnehmen und ließ die Kreuze am 5. April 1961 von einem Bulldozer niederwalzen, die Überreste zum Schrottplatz bringen oder auf den Müll werfen. Doch über Nacht wurden neue Kreuze herbeigeschafft. Dieses Katz-und-Maus-Spiel wiederholte sich 1973, 1974 und 1975, bis die Regierung einsah, dass sie diesen «Krieg der Kreuze» nicht gewinnen würde. Am Ende ihrer Herrschaft sollen vierzigtausend Kreuze auf dem Hügel gestanden haben. Als 1991 noch einmal litauische Freiheitskämpfer ums Leben kamen, wuchs diese Zahl noch weiter in die Höhe. Doch dann erhielt dieser heilige Ort 1993 die verdiente Anerkennung. Papst Johannes Paul II. reiste an und hielt eine Messe vor einer überwältigenden Pilgerschar, gedachte der litauischen Märtyrer und gab den Impuls zum Bau eines Klosters gleich nebenan.

Heute ist der «Berg der Kreuze» ein Ort des Gedenkens an die wechselvolle schmerzliche Geschichte dieses kleinen Landes, aber kein Hort des Widerstands mehr. Wer ihn besucht – zu hohen Festtagen wie Ostern oder familiär-kirchlichen Anlässen wie einer Taufe oder Trauung –, verbindet dies eher mit persönlichen Anliegen, der Bitte um Trost oder dem Dank für eine Heilung. Besucher können dann nicht nur eine Riesenwelle von Kreuzen bestaunen, sondern auch eine seltsame Musik hören. Wenn der Wind durch die großen und kleinen Kreuze geht, erhebt sich ein eigenartiges Klirren und Klappern, ein vielstimmiger Chor, der an die Passion des einen und der vielen erinnert.

Gipfel des Heiligen

9. Retro-Utopia

Ein Heiligtum für Rechtsextreme:
Die Externsteine in Horn-Bad Meinberg

51° 52′ 9″ nördlicher Breite; 8° 55′ 2″ östlicher Länge

In der Nähe des martialisch-nationalistischen Hermannsdenk-
mals aus dem 19. Jahrhundert, der größten Statue in Deutschland, und nicht weit entfernt von der Wewelsburg, die einst der
SS als Kult- und Terrorstätte diente, findet man im Teutoburger
Wald, nur eine halbe Autostunde von Detmold entfernt, die Externsteine: fünf freistehende, steil aufragende, bis zu 40 Meter
hohe, zerklüftete Sandsteinfelsen – eine grandiose, bizarre For-
mation.

Wer über die in den Stein gehauenen Treppen nach oben ge-
stiegen und über eine schmiedeeiserne Brücke auf den höchsten
Felsen gekommen ist, dem eröffnet sich ein malerischer Ausblick.

Zugleich tritt er vor eine alte Höhenkammer mit einer Altarnische. Auch im Inneren haben die Externsteine etwas zu bieten, nämlich ein altes, dreiteiliges Grottensystem mit einem Rundbogennischengrab. Sie belegen ebenso wie ein großes Relief der Kreuzabnahme am Fuß der Felsen, dass diese schon im Mittelalter christlich genutzt und ausgestaltet wurden. Einsiedler sollen hier gelebt haben, besondere Gottesdienste wurden hier gefeiert. Genaueres weiß man nicht.

Im 19. Jahrhundert wurden die Externsteine zur touristischen Attraktion. Eine Straßenbahn brachte Ausflügler, Lokale siedelten sich an. Doch ein unschuldiges Vergnügen sollten die Externsteine nicht lange bleiben. Ihre urtümlich-geheimnisvolle Gestalt löste Fantasien aus, die sich seit den 1920er Jahren zu einer Ideologie verdichteten. Schon im 16. Jahrhundert hatte es vage Vermutungen gegeben, die Externsteine seien einmal eine germanische Kultstätte gewesen. Auch im 17. und 18. Jahrhundert spekulierten einige örtliche Gelehrte in diese Richtung, jedoch ohne größeren Nachdruck.

Das änderte sich nach dem Ersten Weltkrieg. Eine bitter enttäuschte, tief verletzte, massiv verunsicherte Mittelschicht sehnte sich nach neuen Mythen und Utopien. Da kam ein Detmolder Laienwissenschaftler und erfand für sie die passende Sage. Wilhelm Teudt (1860–1942), ein ehemaliger evangelischer Pfarrer, der sich nach 1918 radikalisiert hatte und zum völkischen Agitator geworden war – er muss über ein gewisses Charisma verfügt haben –, erklärte die Externsteine zum Zentralheiligtum einer untergegangenen germanischen Hochkultur. Auf dem höchsten Felsen habe die Irminsul, der Weltenbaum, gestanden, die Höhenkammer sei eine Sonnenwarte gewesen, weitere Kultstätten habe es im Umkreis gegeben. Doch nach seinem blutigen Sieg über die Sachsen Ende des 8. Jahrhunderts habe der große Frankenkönig Karl dieses Heiligtum zerstört, das Christentum gewaltsam eingeführt und alle Erinnerungen an die Religion der Germanen ausgelöscht.

In unzähligen Vorträgen und Schriften stellte Teudt seine parawissenschaftlichen Forschungsergebnisse vor und fand ein begeistertes Publikum. Dass es keinen einzigen archäologischen oder schriftlichen Beleg für seine Thesen gab, störte ihn und seine Anhänger nicht. Auch nicht, dass er auf so einfache Fragen wie die, wer denn diese Germanen gewesen sein sollen und wie ihre Religion konkret aussah, nur mit Imaginationen und Intuitionen antwortete. Viel zu groß war die Sehnsucht nach einer hehren Vergangenheit, die über gegenwärtige nationale Kränkungen hinwegtröstete und das verstörte deutsche Identitätsgefühl stabilisierte. Es ist nicht schwer, in Teudts Theorien den Versuch einer nationalistischen Traumabewältigung zu erkennen. Der schäbigen und schändlichen Gegenwart wird ein zauberhaftes Urbild von unzerstörter Reinheit und deutscher Eigenheit gegenübergestellt. Gegen die Propaganda der alliierten Sieger über die barbarischen «Hunnen» wird die Fantasie einer germanischen Hochkultur gesetzt. Dabei wird das eigene Schicksal in einer fernen Geschichte gespiegelt, steht somit nicht mehr allein da: Das feindliche Frankreich wird durch Karl repräsentiert, das unglückliche Deutschland durch Widukind, den tragischen Anführer der Sachsen. Schließlich enthielt die neue Sage von der untergegangenen germanischen Hochkultur zugleich die Hoffnung, ein ursprüngliches deutsches Volk ohne alle fremden Einflüsse werde wiederauferstehen.

Teudt selbst verstand sich nicht als Heide, sondern als «Deutscher Christ», aber er öffnete die Tür zu einem völkisch-heidnischen Kult um die Externsteine. Dem NS-Regime war er damit anfangs hochwillkommen. Teudts Anregung, um die Externsteine einen sakral-völkischen Ahnenhain anzulegen und den touristischen Betrieb einzustellen, wurde von Heinrich Himmler ebenso aufgegriffen wie der Vorschlag, archäologische Untersuchungen einzuleiten. Doch die Grabungen von 1934 bis 1935 brachten keinerlei Hinweise auf ein vorchristliches Heiligtum. Sie waren ein Desaster. Die Nationalsozialisten ließen sich dadurch nicht beirren. Sie nutzten die Externsteine dennoch als Kultstätte des SS-«Ahnenerbes» für Rituale wie Sonnen- und Winterwendfeiern. Juden war ab 1935 der Zugang verwehrt.

Nach dem Ende von Diktatur und Krieg bemühten sich die neuen Verantwortlichen der Gegend, die Externsteine zu desakralisieren und zu entpolitisieren – mit mäßigem Erfolg. Der rechtsextreme Glaube an ein urgermanisches Zentralheiligtum besaß auch nach 1945 einen erstaunlichen Überlebenswillen, verwandelte und verpuppte sich mehrfach, wahrte aber im Kern eine hohe Kontinuität und fand wiederholt neue Trägergruppen – bis heute.

In der unmittelbaren Nachkriegszeit verbreiteten Teudtianer mit Vorträgen und Führungen weiterhin die Lehren ihres Meisters. In dem Niederländer Herman Wirth (1885–1981) fanden sie einen neuen Apostel. Er hatte die Forschungsgemeinschaft Deutsches Ahnenerbe der SS mitbegründet, sammelte nun Teudt-Jünger und andere völkisch sowie neopagan Gesinnte um sich und in seinem Verein Ur-Europa, um ihnen seine Botschaft einer reinrassig-germanischen Religion zu verkünden, deren ursprüngliche Heimat ebendie Externsteine gewesen sein sollen.

Ebenfalls sehr eifrig agitierte der ehemalige Volksschullehrer Walther Machalett (1901–1982). Er versuchte mit okkulten Methoden wie der «medialen Fotografie» – bei der auf Fotos Geistwesen zu sehen sind, die das Auge normalerweise nicht erkennt –, eine höhere Wahrheit über die Externsteine zu offenbaren, die den Fachwissenschaftlern verborgen bleiben müsse. Nach seiner «Ariosophie», einer Weltanschauung und Religion für arische Heiden, hatte in der vorchristlichen Urzeit eine hochkultivierte Priesterschaft, die Armanen, hier ein Observatorium betrieben und kosmologisches Wissen gesammelt.

Machalett wurde zur zentralen Gestalt des Forschungskreises Externsteine, der heute noch esoterische Laienforscher zu Vorträgen und Konferenzen zusammenbringt. Sie pflegen den völkischen Mythos, feilen an Geschichtsspekulationen und arbeiten sich an einer Fachwissenschaft ab, die von all dem gar nichts gelten lässt. Die mangelnde akademische Anerkennung kränkt sie offenkundig. Zugleich aber genießen sie das Bewusstsein, über Geheimwissen, Intuition, Fantasie oder okkulte Praktiken zu verfügen, die normalen, rational argumentierenden Wissenschaftlern nicht zugänglich sind. Das scheint einige mit Stolz zu erfüllen. So erklärte einer dieser Laienforscher in einem Film der Videokünstlerin Karen Russo, dass er in den Felsen Figuren wie Schlangen, Drachen, Blutlinien oder germanische Götter entdecken könne: «Das Schöne an der Geschichte ist, dass es nicht jeder sieht.» Wo aber der Widerspruch der akademischen Archäologen zu stark wird, behilft man sich mit Verschwörungstheorien: Wichtige Forschungsergebnisse, etwa aus den SS-Ausgrabungen, seien von finsteren Mächten wie den christlichen Kirchen vernichtet worden, um die uralte Religion der Deutschen weiterhin zu unterdrücken.

Inzwischen verfügen die Propagandisten des Externstein-Heidentums im Internet über wirkungsvolle Instrumente, um ihr Evangelium zu verbreiten.

Entscheidend für das Überleben dieses völkischen Mythos ist, dass er bis heute auch in Ritualen begangen und in Festen gefeiert wird. Die unterschiedlichsten rechtsextremen Gruppen pilgern zu den Steinen, um ein Morgensingen abzuhalten, die Sonnenwende zu feiern und religiöse Erweckungserlebnisse zu inszenieren. So hielt es schon der völkisch-religiöse Bund für (Deutsche) Gotterkenntnis, nach dem Ehepaar Ludendorff auch

«Ludendorffer» genannt, in den 1950er Jahren. Besonders einflussreich wurde die NS-Esoterikerin Savitri Devi – die Französin hieß eigentlich Maximine Portaz –, die 1953 eine Wallfahrt hierher unternahm. Sie legte sich in den Steinsarg in der Grabgrotte, meditierte dort die ganze Nacht, um bei Sonnenaufgang zur Höhenkammer aufzusteigen und mit dem Hitlergruß das Licht des Tages mit diesem Gebet zu begrüßen:

> Herr der unsichtbaren Mächte, den ich nicht kenne und nicht erfassen kann, aber dessen Majestät ich verehre in der ewigen Ordnung der Natur und in der heldischen Schönheit des Lebens meiner Kameraden, hilf uns Nationalsozialisten, deine Wahrheit in unseren Herzen zu bewahren und ins Leben zu bringen, eines Tages, die neue Ordnung unseres Führers, die irdische Spiegelung deiner gnadenlosen kosmischen Harmonie.

In den 1960er und 70er Jahren widmete sich die damals erfolgreiche NPD den Felsen mit großer Aufmerksamkeit. Auch das Deutsche Kulturwerk Europäischen Geistes, die wichtigste kulturpolitische Organisation der extremen Rechten in dieser Zeit, versammelte sich regelmäßig dort. Nach dem Niedergang der NPD versuchten die Autoren und Verlage der sogenannten Neuen Rechten seit den 80er Jahren, die Externsteine zu einem deutschen Erinnerungsort zu machen. Deren Chefideologe Karlheinz Weißmann, heute ein wichtiger Impulsgeber der AfD, verfasste eine eigene Broschüre über sie, allerdings eher heimlich, in einem Selbstverlag. Seither kommen die unterschiedlichsten Gruppen: militante Neonazis, radikale Kleinstparteien, Burschenschaften, rechtsesoterische Zirkel, rassistische Sekten wie der Armanen-Orden. Sosehr sie sich auch unterscheiden mögen, durch die Verehrung dieses seltsamen Ortes sind sie verbunden. Für die Mitglieder des III. Wegs zum Beispiel sind die

Externsteine ein «Kraftort», für die Nationalen Aktivisten aus Dortmund ein «germanisches Heiligtum». Dies ist das Ziel ihrer Wallfahrten, hier schlagen sie ihre Lager auf, hissen ihre Fahnen, vollziehen sie ihre Rituale. Anschließend geht es für viele dann weiter zum Hermannsdenkmal und zur Wewelsburg. Die Jungen Konservativen zelebrierten 2004 hier ein «Trauern um Deutschland», bei dem sie Zeugnisse deutscher Gegenwart symbolisch begruben: eine Nationalflagge, Eichen- und Lindenblätter, Exemplare der *Jungen Freiheit*, aber auch der *Bravo*, reine Getreidesorten, blonde Haarsträhnen, Schriften der Antifa und linker Unigruppen. Im Oktober 2013 veranstalteten Mitglieder der Identitären Bewegung, einer rechtsextremen Jugendgruppe mit Verbindungen zur AfD, einen «Wandertag». Ein YouTube-Clip zeugt davon: Auf verwackelten Bildern sieht man junge Männer in zumeist schwarzer Kleidung zu den Felsen gehen. Es wirkt wie ein bierseliger Vatertagsausflug, wären da nicht die schwarzen Flaggen mit dem Emblem der Identitären und eingeblendete Botschaften wie «Wir wehren uns!».

Auch für Rechtsrockfans sind die Felsen ein beliebtes Ausflugsziel. 1999 berichtete ein Mitglied der Allgermanisch-Heidnischen Front, die zur Black-Metal-Szene gehört, im Fanzine *Freyja* davon:

> Erst einmal wurde eine zünftige Fotosession mit wunderschönen Fahnen etc. am Fuß der Externsteine abgehalten, die jedem Staatsschützer die Freudentränen in die Augen getrieben hätte. Dann erklommen wir einen Felsen und nahmen auf der Plattform unsere gemeinsame rituelle Feierstunde vor. Das Horn kreiste. Trankopfer wurden dargebracht. Lieder gesungen, Heilswünsche und Bitten an die Götter vorgebracht und der ruhmreichen Ahnen gedacht.

So wie sie machen immer noch Rechtsextreme die Externsteine zu einem heiligen Ort, suchen sie die spirituelle Verbindung zu einem ursprünglichen Deutschland, schwören sie sich auf den Endkampf ein gegen alles Fremde – und das heißt auch gegen das Juden- und Christentum.

Diese Haltung zeigt sich beispielhaft in dem Gedicht «Bei den Externsteinen», das 2005 in der inzwischen eingestellten neuheidnischen und nach den beiden sagenhaften Raben Odins benannten Zeitschrift *Huginn und Muninn* veröffentlicht wurde:

> Dunkel und groß ins Graue verwiesen,
> Schützt ihr den Schoß, ihr Felsenriesen.
> Stein und Blut sind beständig.
> Recke der Vorzeit, Rastplatz der Raben,
> Ecke am uralten Eiszeitgraben,
> Macht mir mein Eigen lebendig!
> Weissagt die Norne, mahnt mich die Mythe:
> Wahlvaters Zorne, deutschem Geblüte
> werden die Trugbilder weichen.
> Sichtbar geworden ist die Verwesung,
> nur aus dem Norden kommt die Erlösung.

Spätestens seit den 1990er Jahren hat auch die alternativ-spirituelle Szene die Externsteine für sich entdeckt: braune Esoteriker, aber auch sich unpolitisch gebende Neuheiden, naturreligiöse Aussteiger sowie selbsternannte Hexen und Druiden. In den 2000ern sah man sie zu Tausenden – darunter viel Partyvolk – zur Sonnen- und Winterwende, Frühjahrs- und Herbst-Tagundnachtgleiche oder Walpurgisnacht. Sie bauten Zeltlager auf, entzündeten Lagerfeuer, trommelten, spielten auf altertümlichen Instrumenten wie dem Dudelsack oder der Schalmei, jonglierten und tanzten barfuß die Nacht durch. Manche streichelten die Felsen, rieben sich mit ihrem ganzen Körper an ihnen oder legten sich in das Felsengrab. Die meisten hatten lange Haare, einige auch Rasta-Locken, und trugen Hippie- oder Outdoor-Kleidung. Das sah eher grün als braun aus. Über allem lag dichter Cannabis-Duft, auch wurde viel Alkohol konsumiert. Eine extremistische politische Einstellung dürften die meisten nicht gehabt haben. Aber sie huldigten bewusst oder unbewusst dem einhundertjährigen Mythos eines germanischen Urheiligtums. Diesen großen esoterischen Partyspektakeln zur Sonnenwende hat die zuständige Behörde, der Landschaftsverband Westfalen-Lippe, inzwischen ein Ende bereitet. 2010 erließ er einen rigiden Verbotskatalog, um das lärmige Geschehen einzudämmen. Seither sind es kleine Gruppen oder Einzelne, die nicht nur an heidnischen Festtagen zu ihrem Heiligtum kommen und hier ihre Rituale vollziehen – dies aber im Stillen.

Heute besuchen über das Jahr verteilt etwa eine halbe Million Touristen die Externsteine. Ein zeitgemäßes Informationszentrum stellt ihnen die Geschichte der Felsen vor, auch die der völkischen Mythenbildung. Im Vergleich dazu erscheinen die Besuche, Rituale und Deutungsversuche der Rechtsextremisten als ein Randphänomen. Dennoch ist es ihnen gelungen, die Externsteine zumindest für ihre eigenen Kreise sowie für die esoterische Szene dauerhaft symbolisch zu besetzen. Auch wenn die örtliche Zivilgesellschaft, historische Vereine und die Kirchen dagegen anarbeiten. Aber der neuheidnische Kult wird sich nicht abstellen lassen. So bestiegen Unbekannte noch in der Neujahrsnacht zum 1. Januar 2017 die Externsteine und setzten eine symbolische Nachbildung der Irminsul in den Farben des Deutschen Reiches – schwarz, weiß, rot – auf den Gipfel des höchsten Felsens.

Altslawisches Neuheidentum in Janino, Russland

59° 56′ 51″ nördlicher Breite; 30° 33′ 41″ östlicher Länge

In Janino bei Sankt Petersburg ist Krina angesiedelt, zu Deutsch: «Wasserquelle». Diese neuheidnische Gemeinschaft wurde Anfang der 1990er Jahre von dem Physiker Andrej Resunkow gegründet, der sich als Zauberer und Guru «Blagumil» nennen lässt. Lange war er von ostasiatischer Spiritualität fasziniert, bevor er von Buddha auf das Slawentum umschwenkte. Ein Clip auf YouTube zeigt ihn heute als einen älteren Herrn im Bauernhemd und mit besticktem Stirnband über der Halbglatze, der im Wald ruhig über die Kraft der Steine doziert. Ursprünglich war Krina ein lockerer Freundeskreis, der aber bald immer mehr Menschen anzog, ohne dass daraus eine feste Gemeinde erwachsen wäre. Er bleibt ein offenes Netzwerk, das vor allem junge Männer aus den Städten anlockt, viele von ihnen Studenten und aus der Mittelschicht stammend. So verfügt Krina in Janino nicht über eigene Gebäude oder feste Strukturen. Doch gibt es dort einige Götterbilder, eingehegt von einem einfachen Holzzaun, sowie ein kleines Labyrinth. Wiederholt wurde diese Anlage von Vandalen beschädigt. Aber wichtiger noch als die Götterbilder sind die gemeinsamen Ausfahrten in die Natur. Krina ist etwas fürs Wochenende: Man fährt gemeinsam hinaus und probiert unter freiem Himmel neu-alte Rituale aus. Allerdings meidet man das Wort «Heide» und bezeichnet sich lieber als Anhänger von *Rodnaja Wera* oder *Rodnowverije* – übersetzt etwa: einheimischer Glaube, indigene Religion. Die Krina-Bewegung ist damit Teil einer russlandweiten Subkultur, die man «Rodismus» nennen kann und die sich erfolgreich mit anderen jugendkulturellen Szenen verbindet: Skinheads, Black-Metal-Fans, Rollenspieler,

Fantasy-Leser, Anhänger der russischen *Straight-edge*-Bewegung, die gegen jeden Alkohol- und Drogenkonsum kämpft, und – ganz besonders wichtig – Kampfsportler.

Das Neuheidentum ist ein europaweites Phänomen mit mächtigen Ausläufern in den Vereinigten Staaten. Entstanden in der ersten Hälfte des 20. Jahrhunderts in England, zog es zunächst konservative und an Okkultem interessierte Angehörige der Mittelschicht in den Bann. Ableger in den USA gaben dem seit den 1970er Jahren eine Wendung ins Hippiehaft-Gegenkulturelle. Hier sind die *neo-pagans* vornehmlich politisch links, feministisch und ökologisch ausgerichtet. Nach dem Untergang des Sowjetimperiums zeigten sich auf einmal auch in der Ukraine, in Weißrussland, Polen, Tschechien, Ungarn oder den baltischen Ländern Vertreter einer vorgeblich authentisch-vorchristlichen Religion der Slawen in der Öffentlichkeit. Besonders wichtig wurde das Neuheidentum im postsowjetischen Russland. Unübersehbar viele retroslawische Gruppen warben um Anhänger, manche organisierten sich anfangs als politische Parteien. Heute gibt es ungefähr dreißigtausend Rodismus-Anhänger: mehr Männer als Frauen, mehr Junge als Alte, mehr Gebildete als Ungebildete. Sie hängen unterschiedlichsten – animistischen, naturspirituellen, polytheistischen, monotheistischen, sogar atheistischen – Glaubensvorstellungen an. Gemeinsam ist allen aber ein zum Teil extremistischer Nationalismus, ein «Nationalismus aus Verzweiflung», wie er für das postsowjetische Russland nicht untypisch ist. Doch auch dieser ist ungeheuer vielfältig: Von Monarchisten bis zu Stalinisten ist alles vertreten. Verbindend ist die Verachtung des tatsächlich siegreichen, aber als dekadent angesehenen Westens. Ein weiteres gemeinsames Kennzeichen ist der scharfe Antisemitismus. Allerdings richtet sich inzwischen der Hass auf alles Fremde und Nichtslawische nicht mehr so stark gegen Juden als vielmehr gegen Muslime, dunkelhäutige Einwanderer sowie Homosexuelle. Gegen sie geht ein Teil der *Rodnowverije*-Jünger regelmäßig mit massiver Gewalt vor. So hat es in den vergangenen Jahren eine Reihe von fremden- und schwulenfeindlichen Angriffen bis hin zu Morden gegeben. Auch Attacken auf orthodoxe Kirchengebäude waren zu registrieren.

Krina jedoch versteht sich als unpolitisch. Das Wichtigste sind die Pflege und Weiterentwicklung von Ritualen. Anfangs ließ man sich dabei von einer experimentellen Theatergruppe helfen. Auch übernahm man vieles von anderen Gruppen. Unter der Anleitung von Zauberer Blagumil und der Hexe Inna feiert man draußen in der freien Natur die großen Feste des bäuerlichen Kalenders. Man kleidet sich altslawisch, baut Zeltstädte auf, errichtet Idole, hisst die russische Fahne, singt, tanzt, spielt und trinkt gemeinsam. Krina bietet auch Seminare, Vorträge, Konferenzen und Workshops an. Ganz lässt sich die Politik jedoch nicht draußen halten. Bei Festen sind oft die Rufe «Ruhm sei Russland!» zu hören, auch feiern regelmäßig Rechtsextremisten mit. Da es keine Mitgliedschaft oder Einlasskontrolle gibt, hängt alles von persönlichen Beziehungen ab. So kann es durchaus passieren, dass ein Krina-Anhänger einen armenischen, dunkelhäutigen oder auch satanistischen Freund mitbringt, ohne dass daran Anstoß genommen würde.

Man sollte sich jedoch vom kriegerischen, nationalistischen, rechtsextremen Auftreten vieler der Jünger und Jüngerinnen nicht täuschen lassen. Gerade Krina zeigt, dass das vermeintlich Authentisch-Uralt-Russische ganz erheblich vom Geist der globalen Spätmoderne geprägt ist. Es handelt sich hier um eine Gegenkultur, die besonders jungen Erwachsenen hilft, eine eigene Identität auszubilden und zu behaupten. Für diese greifen sie aber nicht einfach auf ein vorchristliches Heidentum zurück, von dem ja niemand weiß, wie es ausgesehen haben mag. Vielmehr basteln sie sich ihre eigene Tradition, Theologie und Spiritualität, ohne sich dabei an eine Institution zu binden oder einer Autorität zu unterwerfen. Entscheidend ist das Erleben von Ritualen, Gemeinschaft und Sinn. Anders als in der verabscheuten orthodoxen Kirche zielt hier alles auf ganz persönliche Erfahrungen. Die Anhänger folgen damit einer Tendenz, die gegenwärtig fast überall auf der Welt bestimmend ist: weg von der etablierten Religion – hin zur individuellen Spiritualität. Damit sind die russischen Neuheiden, so urtümlich slawisch sie sich auch geben mögen, den religiös Suchenden in Westeuropa und Nordamerika sehr viel näher, als ihnen bewusst und lieb sein dürfte.

10. Sakralbauten von Eigenbrötlern

Eine russische Einsiedelei im Münchner Olympiapark

48° 10′ 2″ nördlicher Breite; 11° 32′ 56″ östlicher Länge

Ungleichere Nachbarn kann man sich kaum vorstellen. Das Münchner Olympiastadion ist weltbekannt, ein Höhepunkt moderner Architektur, Sinnbild eines neuen Deutschland, Schauplatz ungezählter sportlicher Großereignisse, für Millionen Menschen untrennbar verbunden mit gefeierten Siegen, beweinten Niederlagen, aber auch mit der Erinnerung an Terror und Mord. Entworfen wurde dieses Stadion mit seinem einmaligen Zeltdach von dem berühmten Architekten Günter Behnisch (1922–2010) und seinem Büro. Nur ein paar hundert Meter entfernt, am Fuße des Olympiabergs, aber befindet sich ein Kirchlein, das ein seltsamer Fremder namens Timofej Wassiljewitsch Prochorow – besser bekannt als Väterchen Timofej – mit seinen eigenen Händen errichtet hat: die Ost-West-Friedenskirche. Es ist eine russische Bauernkirche mit weiß getünchten Wänden, einem schlichten Dach, darauf kleine Kuppeln aus Blech mit vergoldeten Kreuzen. Das Innere ist geschmückt mit goldenen Ikonen, Kerzen und Blumen, aber auch mit naiv-bunten Frömmigkeitsbildern aus dem polnischen und bayerischen Katholizismus, Segenssprüchen und Christbaumkugeln. Silbern glänzt die Decke – sie wurde mit Stanniolpapier ausgekleidet, wie eine Tafel Schokolade. Diese Kirche liegt versteckt unter Bäumen, mitten in einem liebevoll gepflegten Obstgarten mit Bienenstöcken und Blumenbeeten. Neben ihr befinden sich zwei kleine geduckte Häuser sowie eine weitere Kapelle. Es ist, als ginge die moderne Welt da draußen diese Kirche gar nichts an, als hätte sie mit der großen Nachbarin auf dem Olympiagelände nichts zu tun. Sie scheint nichts zu vermissen, sondern die stille Abgeschiedenheit zu genießen. Einen Nachrichtenwert besitzt sie nicht, weshalb sie heute fast nur alteingesessenen Münchnern bekannt ist. Diese aber lieben sie als eine altertümlich-sagenhafte Kuriosität.

Die Freunde dieser Kirche erzählen ihre Geschichte wie eine Legende aus ferner Zeit, wie ein frommes Märchen aus dem alten Russland. Es war einmal ein Bauer, mit Namen Timofej. 1894 wurde er in Buchajewskaja geboren, einem Dorf in der Nähe von Rostow am Don. Er hätte ein abgeschiedenes, arbeitsreiches Leben geführt, wären die Mächte des Bösen nicht über sein Land gekommen. Eine Revolution stürzte den von Gott eingesetzten Zaren und bekämpfte die heilige Kirche, ein Bürgerkrieg zerriss das Reich, den Bauern wurde ihr Land genommen, sie mussten fortan wie Zwangsarbeiter leben, Verfolgung und Hunger trieben ungezählte Menschen in den Tod, dann kam ein unfassbar grausamer Feind, verwüstete die Heimat und raubte Millionen das Leben.

Inmitten dieses Schreckens aber, im Winter 1943, wurde Timofej eine herrliche Gnade zuteil. Er war schon einundfünfzig Jahre alt – verheiratet, Vater zweier Kinder, die Geburt eines dritten stand bevor –, als ihm die Gottesmutter erschien. Er war unterwegs gewesen, hatte Brennstoffe zu den Dörfern gebracht, da raubten ihm Soldaten der deutschen Wehrmacht seinen Wagen. Durch die bitterkalte Nacht wollte Timofej nach Hause wandern, fast war er schon in Rostow, als eine Lichtsäule vom Himmel herabkam und sich wie eine Feuerwand vor ihm öffnete. Aus diesem Licht sprach Maria zu ihm:

«Timofej, kehre um! Du wirst in den Westen gehen und mir eine Kirche bauen!»

Er fiel auf die Knie und flehte:

«Mutter, erbarme dich! Meine Frau ist schwanger, und ich habe zwei Kinder! Und außerdem, weißt du, wir haben Krieg!»

«Ich war bei dir zu Hause, sie alle sind wohlauf, deine Frau hat einen Sohn geboren und ihn Wladimir genannt. Und du, geh und tue, was ich dir aufgetragen habe!»

Inständig bat er, dass er wenigstens nach Hause zurückkehren dürfte, um sich zu verabschieden.

«Du hast keinen Weg mehr zurück, geh und errichte mir eine Kirche! Du wirst sie Friedenskirche von Ost und West nennen.»

«Wie soll ich das allein schaffen?»

«Ich gebe dir eine Helferin auf dem Weg.»

So zog Timofej los. Seine Frau würde er nie wiedersehen. Die Pilgerreise wurde ein schlimmes Abenteuer. Sie führte ihn durch umkämpfte und verheerte Landschaften, zerstörte Städte – durch Russland, Polen, Tschechien, Österreich, Italien, wieder Österreich und schließlich nach Deutschland, das Land der Feinde. Der Krieg fand ein Ende, Timofej hatte ihn überlebt und unterwegs auch die Helferin gefunden, die die Gottesmutter ihm versprochen hatte: Natascha, eine heimatlose Russin. Ohne Papiere, aber mit Marias Verheißung im Herzen kamen die beiden 1952 in München an. Hier blieben sie. Wieder sprach die Gottesmutter zu Timofej:

«Der genaue Ort für meine Kirche ist das Oberwiesenfeld. Dort findest du ein Häuschen von einem Russen namens Iwan, von da zähle fünfzig Schritte nach Osten. Dort baue mit Natascha die Ost-West-Friedenskirche.»

Timofej und Natascha gingen zu dem verheißenen Ort, einem verlassenen, verwahrlosten Feld, auf dem sich vor dem Krieg der Flughafen der Stadt befunden hatte. Jetzt aber wurden hier die Trümmer aus der zerbombten Stadt auf einem immer höher wachsenden Berg abgeladen. In diesem Niemandsland machten sich die beiden ans Werk. Lohnarbeit hatten sie auf einem städtischen Friedhof gefunden. In ihrer freien Zeit aber bauten sie eine Kirche und ein Haus, so wie sie es aus ihrer Heimat kannten. Das Holz und die Steine dafür sammelten sie aus den Schuttbergen. Eine amtliche Genehmigung hatten sie natürlich nicht. Wieder und wieder kam die Polizei, verbot ihnen das Bauen und nahm Timofej mit auf die Wache. Doch der ließ sich nicht beirren und machte einfach weiter, bis die Kirche endlich fertig war, so wie die Gottesmutter es ihm aufgetragen hatte.

Da die Kirche jedoch sowohl Elemente aus orthodoxen wie aus katholischen Bautraditionen besaß, wollten weder orthodoxe noch katholische Priester sie für ihre Gottesdienste nutzen. Ihnen erklärte Timofej:

«Gottesmutter Maria sagte mir nicht, ich solle noch eine orthodoxe oder katholische Kirche bauen. Eine christliche Kirche sollte es sein, eine Kirche zur Vereinigung.»

Da keiner auf ihn hörte, ernannte er sich eben selbst zum Priester. Von nun an hielt er jeden Tag morgens und abends eine kurze Liturgie, jahrzehntelang, gemeinsam mit Natascha – gleichgültig, ob Menschen kamen oder nicht.

Aber viele besuchten ihn doch, baten um Rat oder Segen, brachten Geschenke, Bilder, Kleidung, Geldspenden, Nahrung. Außerdem lebten die beiden von dem, was sie selbst an Obst und Gemüse auf dem Oberwiesenfeld anbauten. Sie hatten auch einige Schafe. Aber sie mussten ohne jeden Komfort auskommen, hatten kein fließendes Wasser, keine Toilette, keinen Strom und nur einen Holzofen. So lebten sie wie ein russisches Bauernpaar aus der Zarenzeit oder wie Eremiten – mitten in der bayerischen Hauptstadt.

Die Geschichte von Timofej und Natascha erinnert an alte russische Legenden, wie zum Beispiel die berühmten «Aufrichtigen Erzählungen eines russischen Pilgers». Auch lässt sie an Tolstois oder Dostojewskis Schilderungen der Starzen, der mystischen Wundermönche, denken. Sie steht für die andere Seite des orthodoxen Christentums: die Mystik der Mönche und die Frömmigkeit des einfachen Volkes. Beide wurden getragen von armen, ungebildeten, aber spirituell erfüllten Menschen, die sich zu einem heiligen Leben und besonderen Aufträgen berufen fühlten. Sie ließen alles hinter sich und widmeten sich ganz allein, in harter Entbehrung ihrem Glauben und ihren frommen Vorhaben – mit einer naiven, atemberaubenden Radikalität. Sie fragten nicht nach dem Sinn, der Wirksamkeit, den Kosten, Folgen oder Erfolgsaussichten ihres Tuns. Sie lebten und handelten ohne eigenes menschliches Planen, absichtslos folgten sie dem göttlichen Ruf. Dabei strebten sie nicht nach klerikaler Macht und hohen Ämtern, denn sie bildeten eine exzentrisch-anarchische Alternative zur Staatskirche. Nicht zuletzt deshalb wurden sie vom Volk so verehrt.

Sakralbauten von Eigenbrötlern

Was aber Timofej vor allem von den alten Starzen unterschied: Er war kein «ausgebildeter» Mönch, hatte nicht mehrere Stufen des russischen Mönchtums durchlaufen – und er lebte mit einer Frau in «wilder Ehe» zusammen, obwohl er immer noch mit der Mutter seiner Kinder verheiratet war. Das war ganz «unmönchisch», wie die orthodoxe Kirchenverwaltung in Deutschland mitteilte. 1972 heirateten Timofej und Natascha dann noch, das war seine zweite Eheschließung.

Lange stand die Kirche im Abseits. Das änderte sich mit einem Schlag, als der Olympiapark für die Olympischen Spiele 1972 geplant wurde. Die Ost-West-Friedenskirche störte die ehrgeizigen, großräumigen Planungen. Also sollte sie abgerissen werden, damit an ihrer Stelle ein Stadion für den Pferdesport gebaut würde. Da kam es zu einer denkwürdigen Begegnung. Eines Tages besuchte Günter Behnisch – zumindest wird dies so erzählt – mit seinem Stab Väterchen Timofej und erklärte ihm die Pläne. Ohne ein Wort zu sagen, ging Timofej, das fromme Schlitzohr, in seine Kirche und betete. Als er zurückkam, sagte er dem Architekten und seinen Planern, dass die Gottesmutter soeben zu ihm gesprochen habe:

«Wenn Muttergottes Ihnen erlaubt, alles abzureißen, dann tun Sie es. Wenn nicht, werden Sie es nicht machen können.»

Behnisch muss erkannt haben, dass er gegen die Gottesmutter nicht ankommen würde und seine Pläne ändern müsste. Also fragte er:

«Hast du Wodka im Haus?»

Das konnte Väterchen Timofej bejahen, und beide tranken zusammen ein Glas.

Man wäre bei diesem Gespräch – wenn es denn so stattgefunden hat – gern dabei gewesen, denn der russische Eremit muss auf den deutschen Architekten Eindruck gemacht haben. Oder war es der Druck, den die örtliche Presse und viele Bürger entfalteten? Jedenfalls waren Behnisch und die politisch Verantwortlichen am Ende bereit, ihre Pläne zu ändern. Die Kirche durfte stehen bleiben, während um sie herum alles großartig neu gestaltet wurde für die ersten Olympischen Spiele in Deutschland nach dem Zweiten Weltkrieg.

Während dieser Spiele soll Väterchen Timofej übrigens prächtig daran verdient haben, den vielen Olympiabesuchern Blumen aus seinem Garten, Postkarten und anderen Kleinkram zu verkaufen – wiederum ohne behördliche Genehmigung natürlich.

Die Münchner waren es zufrieden, denn sie hätten auf diese Kirche nicht verzichten wollen. Aber weshalb haben sie sie so geliebt? Was haben sie in ihr überhaupt gesehen? Väterchen Timofej mit seinem langen weißen Bart, dem einen Zahn, dem schlichten Gewand und dem großen Umhängekreuz vor der Brust, Mütterchen Natascha mit Kittel und Kopftuch, ihr Haus mit den Obstbäumen, den Bienen und Schafen sowie natürlich die Kirche und die Kapelle: All dies war ein Stück des traditionellen Russland, ein idyllisches Gegenbild zur modernen deutschen Großstadt, die sich gerade voller Hoffnung und Energie aufmachte, in ein neues Zeitalter aufzubrechen. Vielleicht überzeugte auch einige mitten im Kalten Krieg Timofejs Ost-West-Friedensbotschaft? Allerdings gab es damals kaum ein öffentliches Interesse am Leiden der Russen im Zweiten Weltkrieg oder für das Schicksal der osteuropäischen *displaced persons* im Nachkriegsdeutschland. Sicher spielte aber eine für Bayern nicht untypische Freude an der Subversion eine größere Rolle, eine Sympathie für liebenswürdige Gesetzesverstöße und harmlose Schelmenstücke. Einige mögen in Väterchen Timofej zeittypisch einen Urhippie gesehen und ihn als den einzigen erfolgreichen Hausbesetzer Münchens verehrt haben. Aber hat man damals die Schärfe und geheime Bitterkeit wahrgenommen, die auch in diesem Ensemble eingebaut war? Mitten in der ehemaligen «Hauptstadt der Bewegung» war ein Stück des heiligen Russland entstanden, über das die Deutschen wenige Jahre zuvor mit solcher Grausamkeit hergefallen waren, gebaut von zwei Heimatlosen, am Fuße des Trümmerbergs aus dem Bombenkrieg, aus Ruinenresten deutscher Häuser. So wurde die Ost-West-Friedenskirche auch ein Denkmal für die heute fast vergessenen Millionen von Menschen aus Osteuropa, die der Krieg entwurzelt hatte oder die als Zwangsarbeiter nach Deutschland verschleppt worden waren, die nicht in ihre Heimat zurückkehren konnten und die in Deutschland sehr lange nicht auf Hilfe hoffen konnten. Und ein Anstoß, ehrlich deutscher Schuld zu gedenken.

Die Jahre gingen ins Land. Fünf Jahre nach den Olympischen Spielen und drei nach der Fußballweltmeisterschaft starb Natascha am 13. März 1977 im Alter von achtzig Jahren. Timofej trauerte, aber er machte weiter, so gut und lang er konnte, las die tägliche Liturgie, sprach mit denen, die zu ihm kamen. Mehrfach sollen ihn übrigens seine Kinder aus Russland besucht haben. Schließlich starb auch er, am 14. Juli 2004 – mit einhundertzehn Jahren. Es wurde eine große, feierliche Beerdigung, an der auch der Oberbürgermeister Christian Ude teilnahm.

Die Ost-West-Friedenskirche gibt es immer noch. Ein kleiner Verein kümmert sich um sie, den Garten und die Häuser. In einem von ihnen wurde ein Museum eingerichtet. Die Kirche und die Kapelle stehen täglich jedem zu Andacht und Gebet offen. Aber Gottesdienste werden im Spiridon-Louis-Ring 100 nicht mehr gefeiert. Denn wer hätte Väterchen Timofej nachfolgen sollen?

Das Mausoleum des Postboten:
Hauterives, Frankreich

48° 28′ 39″ nördlicher Breite; 0° 11′ 56″ östlicher Länge

Ferdinand Cheval, 1834 geboren, musste als Postbote im Dépar-
tement Drôme im Südosten Frankreichs jeden Tag denselben
Weg gehen. Die Legende will, dass er eines Tages über einen
Stein stolperte. Das verstand er als Zeichen dafür, seinen Tagtraum zu verwirklichen, in seinem Garten einen Palast zu errichten, der ihm einmal als Grabmal dienen sollte. Entdeckte er
fortan besonders schöne Steine, nahm er sie mit – zunächst in
einem Korb, später stapelte er sie zu Haufen und holte sie abends
mit der Schubkarre ab. Dreiunddreißig Jahre lang sammelte,
schleppte und baute er, bis sein «Palais idéal» 1912 endlich fertig
war. Doch es war weniger ein Schloss als ein Wald, ein Urwald
aus vielen Figuren und Symbolen aus sehr unterschiedlichen
Kulturen und Religionen, der am ehesten an einen indischen
Tempelkomplex erinnert. Antikes mischt sich hier mit Orienta-
lischem, Hinduistisches mit Christlichem. Zwischen Türmen,
Treppen, Balkonen, Kapellen, Höhlen entdeckt man allerlei
Tiere und mythologische Gestalten, geheimnisvolle Inschriften
und bizarre Verzierungen. Von den Nachbarn bespöttelt und von
der Fachwelt ignoriert, wurde der künstlerische Wert dieses
Wunderwerks naiver Imagination jedoch von den französischen
Surrealisten schnell erkannt. Nach dem Tod des Postboten im
Jahr 1924 drohte sein Palast zu verfallen. Heute steht er unter
Denkmalschutz, was dem französischen Schriftsteller und Kul-
turminister André Malraux zu verdanken sein dürfte. Inzwi-
schen ist aus dem architektonischen Tagtraum eines einsamen
Postboten ein sehr beliebtes Ausflugsziel für Touristen geworden.

Der alte Mann und seine Kathedrale: Mejorada del Campo, Spanien

40° 23′ 50″ nördlicher Breite; 3° 29′ 23″ westlicher Länge

Timofej und Cheval leben beide nicht mehr. Aber ein spanischer Bruder im Geiste ist immer noch am Werk. Seit 1961 baut Justo Gallego Martínez in Mejorada del Campo, einem kleinen Ort östlich von Madrid, an einer eigenen Kathedrale. Gallego wurde 1925 in Mejorada del Campo geboren. Der Bauernjunge wollte Mönch werden und trat 1952 mit siebenundzwanzig Jahren in die Trappistenabtei Santa María de Huerta bei Soria ein. Doch acht Jahre später musste er sie verlassen. Gallego selbst erzählt, der Grund sei seine Erkrankung an Tuberkulose gewesen. Er habe ins Krankenhaus gehen müssen und danach nicht zurückkehren können. Aber er sei ganz überraschend geheilt worden – da habe er den Entschluss gefasst, der Gottesmutter zum Dank eine Kathedrale zu bauen. Anders klingt die Version, die man im Kloster hört. Gallego sei zu radikal gewesen, habe viel zu streng gefastet und so hart gearbeitet, dass man Angst um seine körperliche und seelische Gesundheit gehabt habe. Deshalb habe man ihn wieder in die Welt entlassen. Wenn dies stimmen sollte, dann erscheint Gallegos immenses Kirchenbauvorhaben eher wie eine Trotzreaktion oder wie das Bemühen, eine tiefe Enttäuschung in etwas Gutes oder gar einen Triumph zu verwandeln, oder wie der Versuch, auch außerhalb der Klostermauern ein Leben vollkommener Hingabe an Gott zu führen.

Denn wie ein christlicher Sisyphos arbeitet Don Juso seit fast sechzig Jahren an seinem Dom. Noch 2011 erklärte er einer Journalistin: «Ich komme hier jeden Morgen um sechs Uhr mit meinem Fahrrad an und arbeite täglich zwölf Stunden, außer sonntags.» Doch empfinde er dies nicht als Qual: «Mich motiviert Tag um Tag Jesus Christus. Ich liebe ihn, und deshalb erfüllt er mich mit dem göttlichen Fluss. So kann ich jeden Tag gestärkt um fünf Uhr morgens aufstehen. Ich spüre mit all meinen Sinnen eine konstante göttliche Präsenz.» Deshalb meint Don Justo wahrscheinlich, auf eine architektonische Ausbildung, Bau- und Finanzpläne oder gar Baugenehmigungen verzichten zu können.

Anders als Cheval errichtet Don Justo kein Traumgebilde. Er baut ganz traditionsgetreu eine klassische katholische Kathedrale von 55 Metern Länge, 25 Metern Breite und einer Höhe von 35 Metern auf einer Fläche von 8000 Quadratmetern. Surreal wirkt der Bau dennoch. Denn weil Don Justo zumeist ganz allein gearbeitet hat – erst seit einigen Jahren wird er von wenigen freiwilligen Helfern aus seiner Familie und Nachbarschaft unterstützt –, wirkt sein Bau wie ein Traum, besser gesagt: wie ein Albtraum der Vergeblichkeit. Mauern, Säulen, Türme, Kuppeln streben Ehrfurcht gebietend in die Höhe, aber überall klaffen Löcher, drohen Abgründe, ragt Unfertiges sinnlos empor, regiert der Baudreck, liegen Kabel, Schläuche und Drähte herum und bilden bizarre Installationen aus Stahl, Stein und Plastik.

Dennoch ist es weniger ein religiöser Größenwahn, der Don Justo antreibt, als ein eigentümliches spirituelles Programm. Mit seinem unendlichen Bauvorhaben sucht er nichts weniger als die Erlösung, wie er in einem Interview erklärte: «Ich wollte eine Kathedrale bauen, um mich von allem Weltlichen, der versklavenden Materie, zu befreien.» Diese Idee zeigt sich in seiner unbedingten Hingabe an die selbstgesetzte Lebensaufgabe, aber auch an den Baustoffen, die er verwendet. Don Justo nämlich baut seine Kathedrale fast ausschließlich aus Müll, vornehmer formuliert: aus Recyclingmaterial. Das mag auch finanzielle Gründe haben, vor allem aber zeigt sich darin ein spirituelles Motiv: Das Allerniedrigste soll dem Allerhöchsten dienen, das

Materielle im Spirituellen aufgehoben werden. So ist diese Baustelle, in der noch keine einzige Messe gefeiert wurde und wahrscheinlich nie gefeiert werden wird, schon jetzt ein religiöser Ort. Denn bei Don Justo ist der Akt des Bauens selbst das Zeugnis seines Glaubens, sein unablässiges Gebet, das Leben seiner Frömmigkeit, sein Sakrament. Deshalb sollte das Bauen auch kein Ende finden und die Kathedrale nie fertig werden.

Wie es scheint, arbeitet Don Justo immer noch an seiner Kirche: ein alter Mann, schlank und hochgewachsen, mit einem schön gegerbten Gesicht, stets in einem blauen Mantel und mit einer roten Wollmütze. Die Nachbarn nennen ihn «El Loco de la Catedral». Aber er ist kein Spinner, sondern ein mystischer Mensch, allerdings einer mit spröden Manieren. Schaulustige, die vorbeikommen, vertreibt er unwirsch. Er will nicht mit Fremden reden. Lieber schichtet er weiter Stein auf Stein, mischt Beton an, verspachtelt Mauern, steigt auf wackelige Leitern, klettert über ungesicherte Gerüste, zieht Lasten empor oder bastelt an farbigen Fenstern. Und wenn er nicht gestorben ist, dann baut er noch heute.

In seinem Testament hat Justo Gallego Martínez seine Kathedrale dem Bistum Alcalá de Henares vermacht. Es ist eher unwahrscheinlich, dass der zuständige Bischof dereinst diese Baustelle wird übernehmen wollen.

11. Paradiesische Gärten

Ein Stück des Reinen Landes: Das EKŌ-Haus in Düsseldorf

51° 14′ 23″ nördlicher Breite; 6° 44′ 44″ östlicher Länge

Der Niederkasseler Kirchweg ist eine ziemlich gewöhnliche Straße in Düsseldorf: bessere Wohnlage, mäßiger Autoverkehr, profane Ein- oder Mehrfamilienhäuser, gehobenes architektonisches Mittelschichtsgrau. Das Einzige, was auffällt, sind die vielen japanischen Kinder und Mütter, die hier tagsüber unterwegs sind. Doch biegt man am Ende der Straße links in eine kleine Sackgasse, den Brüggener Weg, öffnet sich auf einmal eine ganz andere Welt mit einem unerwarteten Zauber. Man geht durch einen unauffälligen Eingang, einige Schritte nach rechts, dann steht man vor einem geschwungenen, verzierten Tor und findet dahinter einen japanischen Garten.

Mit feinem Sinn für Proportionen sind dort kleine Seen und Wasserläufe angelegt, außerordentlich gepflegte Wege führen über perfekt geschnittene Rasenflächen und zu den Sehenswürdigkeiten: der überdachten Statue eines historischen Herrschers, einer Brücke, einem Glockenturm, einer Grabstele, einem Tempel. Dieser Garten ist ein Reines Land nach buddhistischem Verständnis, eine Vorahnung des Paradieses – allerdings nur fast. Denn er ist nicht eben, also kein Sinnbild für die Aufhebung aller irdischen Unterschiede. Über mehrere Treppen geht es zum Tempel empor. Das erinnert an kaiserliche und aristokratische Prachtparks des alten Japan sowie an chinesische Traditionen.

Der Shin-buddhistische Tempel inmitten des Gartens wirkt von außen mächtig, was vor allem an dem großen, geschwungenen Dach liegt. Im Inneren erscheint er kleiner, zarter. Vor einem rechteckigen Raum mit gerade aufgestellten Stuhlreihen für die Gemeinde öffnet sich der Altarraum. Bambusstangen sperren ihn ab. Der Zugang ist den Priestern vorbehalten. Doch ist der Blick hinein unverstellt. Er richtet sich wie von selbst zur Mitte, auf den wie ein Mandala gestalteten Altar. Darauf befindet sich eine Buddha-Figur unter einem aufwendigen Baldachin. Es ist der Amida-Buddha (auch Buddha-Amithaba genannt), ein Erwachter, der gelobt hat, erst dann zum Buddha zu werden, wenn alle Lebewesen erlöst sind und im Reinen Land wohnen. Diese Buddha-Figur sitzt nicht, sie steht: Der Buddha kommt auf einen zu. Ein Lichtkranz umgibt ihn: Er bringt denen, die ihn anrufen, Segen und Erfüllung. Die Haltung seiner Hände signalisiert die Gewährung eines Wunsches.

Diesen Buddha anzurufen, darum geht es in den Andachten und Gottesdiensten, die hier regelmäßig gefeiert werden. Es sind «Versammlungen», bei denen sich der Buddha-Amida mit denen versammelt, die seinen Namen anrufen. Das könnte auch nur ein einziger Priester sein. Ausreichend Platz für mehrere Priester wäre zur Rechten und Linken des Altars auf vornehmen Bodenmatten. Sind sie leer, fallen umso mehr die Bilder ins Auge, die rechts und links hinter dem Altar an den Wänden angebracht sind, eine kleine Galerie der Propheten und Apostel, goldene Ikonen der Verehrung für die ersten und wichtigsten Lehrer des Buddhismus, besonders des japanischen Shin-Buddhismus.

Wie der Garten vor ihm ist auch dieser Tempel ein Stück des Reinen Landes, das doch eigentlich erst ersehnt wird: ein Ort des Friedens, an dem die Begierden, Schmerzen und Sünden des irdischen Lebens von einem abgefallen sind. Luxuriös und prachtvoll wirkt der Tempel mit all dem Gold, dem schönen Altar, den glänzenden Schnitzereien und Leuchten, den kunstvollen Bildern der Heiligen, den Blumen und Pfauen. Ein Ort der Askese, der meditativen Anstrengung ist dies offenkundig nicht. Aber er wirkt auch nicht eitel oder äußerlich, überwältigt den Besucher nicht, lenkt ihn nicht ab, vielmehr lädt er dazu ein, die erlösende Freundlichkeit des Buddha zu bestaunen, die Gnade zu feiern, die er schenkt.

Begründet wurde der Shin-Buddhismus im Japan des 12. Jahrhunderts, hat seine Wurzeln aber in älteren chinesischen und indischen Traditionen des Mahayana-Buddhismus. Sein wichtigstes Merkmal ist das Vertrauen in den Amida-Buddha und seine erlösende Kraft. Dieses nährt sich aus den Lesungen der Heiligen Schriften und erfüllt sich in der glaubensvollen Anrufung seines Namens: «Namu Amida Butsu / Ich gebe mich ganz hin dem Buddha Amida.» Alles liegt an dem Glauben, dass

Amida den Weg ins erlösende Reine Land eröffnet. An eine Mitwirkung «der eigenen Kraft» des Betenden ist deshalb nicht gedacht. Darum heißt dieser Ort auch EKŌ-Haus: «Haus des geschenkten Lichts» oder «Haus des Lichts der Gnade».

Wer diesen Ort und diese Religion auf Deutsch zu beschreiben versucht, benutzt unweigerlich christliche Begriffe: Tempel, Altar, Priester, Propheten, Apostel, Versammlung, Vertrauen, Glaube, Gott, Sünde, Gnade, Erlösung. Das ist natürlich alles missverständlich, wenn auch unvermeidlich. Zugleich aber kann dies zu anregenden Assoziationen über die Religionsgrenzen hinweg einladen. Denn so barock dieser Tempel auch wirken mag, er lässt einen deutschen Besucher doch – von ferne – an ein evangelisches Christentum denken, das eine «Gnade nur aus dem Glauben, ohne Werke» verkündet.

Seit den 1960er Jahren hat sich Düsseldorf zu der europäischen Stadt mit den meisten japanischen Einwohnern entwickelt. So wundert es nicht, dass ein Bedürfnis nach einem religiösen und kulturellen Ort für diese Zuwanderer entstand. Doch es dauerte, bis auf die Initiative eines Mannes – des Unternehmers, Shin-buddhistischen Priesters und Kulturaktivisten Yehan Numata – 1993 das EKŌ-Haus der Japanischen Kultur eröffnet werden konnte. Es ist ein religiös-kulturelles Mischgebilde. Außer Garten und Tempel umfasst es ein Kulturzentrum mit Ausstellungs-, Seminar- und Vortragsräumen, die Nachbildung eines historischen japanischen Hauses, eine Bibliothek, ein Archiv sowie einen Kindergarten. Entsprechend vielseitig ist die Nutzung: Es gibt Sprach-, Meditations- und Kalligrafiekurse, Ausstellungen, Film-, Theater- und Tanzvorführungen, Teezeremonien und wissenschaftliche Symposien.

Japaner und Deutsche nutzen dieses Ensemble gemeinsam und doch auf unterschiedliche Weise. Für Japaner mögen die Erinnerung an ihre Herkunftskultur und die religiöse Vergewisserung im Vordergrund stehen. Allerdings fehlt etwas Wesentliches: Damit Japaner einen Tempel als den ihren betrachten, muss er von einem Friedhof umgeben sein, auf dem ihre Vorfahren begraben sind. Denn so verbindet sich der Shin-Buddhismus mit der eigenen Familienfrömmigkeit. Bisher wurden neben dem Tempel nur wenige Bestattungen vorgenommen. Deutsche dagegen werden dieses Religionskulturhaus aus anderen Motiven aufsuchen. Sie sind fasziniert von der Kultur Japans, möchten die Sprache erlernen, sich in Kalligrafie oder Tuschzeichnen versuchen – und ganz wichtig: meditative Übungen praktizieren. Hier könnte ein nicht unwesentlicher Unterschied zwischen den japanischen Shin-Buddhisten und den deutschen Buddhismusinteressierten liegen. Denn während Letztere sich besonders für den Zen-Buddhismus und seine Meditationen interessieren, spielen solche körperlichen und seelischen Übungen für Shin-Buddhisten keine Rolle oder nur eine geringe. So groß dieser Unterschied aber auch sein mag – in diesem Ensemble existieren Japanisches und Deutsches, Zen und Shin, Religion und Kultur friedlich neben- und miteinander.

Der Tempel des unendlichen Grüns: Kokedera, Japan

35° 33′ 42″ nördlicher Breite; 135° 8′ 38″ östlicher Länge

In Kyoto gibt es einen Garten, der auf so unspektakuläre Weise spektakulär ist, dass selbst viele Japaner ihn nicht kennen, andere jedoch, die ihn besucht haben, ihn für den schönsten Garten in Japan halten, also für den schönsten auf Erden. Es ist gar nicht so einfach, zu ihm zu gelangen. Monate vorher muss man sich – wie in der guten alten Zeit – brieflich anmelden. Japaner haben eine frankierte Postkarte für die Antwort beizulegen, Ausländer einen International Reply Coupon. Dann heißt es warten. Wenn man Glück hat, erhält man irgendwann eine Antwort, die handschriftlich ein Datum und eine Uhrzeit nennt. Die Anreise ist nicht ohne Mühen, der Eintritt nicht eben günstig: 3000 Yen, ungefähr 25 Euro. Auch darf man nicht gleich in den Garten gehen. Zunächst ist man gehalten, an einer buddhistischen Zeremonie teilzunehmen: Man sitzt auf Knien im Tempel, hört sich Gesänge, Trommeln und Glocken an, versucht mit einem Pinsel ein Sutra nachzuschreiben, rezitiert es anschließend gemeinsam mit den anderen, legt das Blatt schließlich der Buddha-Figur zu Füßen – dann erst darf man den Garten des Saihō-ji-Tempels betreten. Er wird auch «Koke-dera» genannt, «Moostempel», denn er beherbergt über hundert Moosarten.

Der Tempel wurde im Jahr 731 gegründet, 1339 dem Zen-Buddhismus zugeeignet. Seither ist er dem «Buddha des Unermesslichen Lichtglanzes» gewidmet. Zeitgleich wurde ein Steingarten angelegt, der – wie der Garten im Düsseldorfer EKŌ-Haus – das Reine Land vorstellen soll. Er war der älteste seiner Art in Japan und wurde zum Vorbild für viele andere Steingärten.

Wer ihn heute besucht, geht wie durch eine verwunschene Welt. Schmale, geschwungene Wege führen ihn an drei Teehäusern, an dünnen Wasserläufen vorbei, die sich zu Teichen erweitern, vorbei an drei Inseln, Brücken, Felsen, einem Boot, ein Kranich fliegt auf, hohe Bäume ziehen den Blick nach oben. Doch das Entscheidende befindet sich am Boden: Moos, überall Moos. Es überzieht den Erdboden, die Steine und Brücken, die Baumstämme. Über hundert Arten, Formen und Farbtöne: dunkles Grün und helles Grün, weiches Moos und hartes Moos, fein und grob, dicht und weit, hart und zart, bescheiden und ausgreifend. Wie ein Spiegel reflektieren die Moose das Sonnenlicht, verbinden sich mit dem Wasser, formen am Boden ein grünes Gegenbild zum blauen Himmel hoch oben.

Dieser seltsam überweltliche Eindruck verdankt sich keiner künstlerischen Idee oder gärtnerischen Planung, sondern dem Niedergang des Tempels im 19. Jahrhundert. Die gesamte Anlage verfiel, es fehlten die Mittel, den Steingarten in Ordnung zu halten, Überschwemmungen legten weite Teile unter Wasser. Dann kam das Moos, kamen die Moose. Langsam werden sie vorgedrungen sein, Stein um Stein überzogen haben, bis sie schließlich den ganzen Garten in Besitz genommen hatten. Als westlicher Besucher hätte man gedacht, dass ein japanischer Tempelgarten, ein Reines Land, feinsinnig konzipiert und akkurat gepflegt sein müsste. Doch dieser hier, der schönste von allen, ist einfach so passiert, wie eine Gnade. Ob darin eine tiefere Bedeutung liegt?

Manche Besucher aus Europa dürfte all das Moos ratlos machen. Die Lyrikerin Marion Poschmann hat gestanden, wie wenig sie bei ihrem Besuch in Kokedera gesehen hat: «Ich persönlich unterschied genau drei Moose, erstens ein sterniges großblättriges, zweitens ein weißliches in nahezu ovalen Polstern und drittens ein normales grünes. Für die restlichen 97 Arten fehlte mir einfach der Blick. Das Moos war da. Ich sah es nicht.» Erst als sie wieder zurück in Deutschland war, konnte sie ein Gedicht schreiben, das die Vielfalt der Moose preist – und überhaupt wahrnimmt. Es besteht aus lauter Fachbezeichnungen. Die erste der zehn Strophen von «Moosgarten, ein Ready-made» lautet so:

Nickendes Pohlmoos
Gemeines Quellmoos
Glashaar-Widertonmoos

Einseitswendiges Torfmoos
Dreilappiges Peitschenmoos
Nacktmundmoos
Flaschenmoos
Breitringmoos
Vielfruchtmoos
Gewelltes Plattmoos

Im Kokedera kann man erfahren, was für eine anspruchsvolle Unternehmung der Besuch eines schönen und heiligen Ortes eigentlich ist. Es genügt nicht, sich vorfahren zu lassen, hineinzuspazieren und sich kurz umzuschauen. Ein solcher Besuch setzt eine Entscheidung voraus, eine Vorbereitung, eine gewisse Mühe. Es bedarf einer rituellen Einstimmung und meditativen Einübung, einer Beschäftigung mit dem Glauben dieses Hauses und seines Gartens. Sonst wird man nichts sehen, verstehen und erleben, unberührt und unverändert wieder hinausgehen.

12. Heilende Bäume

Der Druiden-Baum von Herchies, Belgien

50° 31′ 42″ nördlicher Breite; 3° 51′ 28″ östlicher Länge

Es gibt in Europa immerhin noch einen Baum, von dem man im Ernst behaupten kann, dass er ein religiöser Ort ist. Man findet ihn bei Herchies, einem Dorf in Belgien mit etwas über sechshundert Einwohnern. Hier gibt es nichts Besonderes zu sehen. Geht man aber einige Minuten hinaus zu den Feldern, nähert man sich einer Eiche, die von ferne mit Müll behängt zu sein scheint. Doch kommt man näher, fällt einem ein seltsamer Schmuck auf, der sie vom Boden bis zu einer Höhe von etwa zwei Metern bedeckt. An den Baumstamm sind unzählige Dinge angenagelt: Stofffetzen, Verbandszeug, Waschlappen, Pflaster, Brillen, Infusionsbeutel, Passfotos, Asthmapumpen, sogar Gliedmaßen von Puppen. Alles, was hier befestigt ist, ist längst von Regen, Wind und Sonne angegriffen, beschädigt und vergilbt. Manches wird bald abfallen.

Seit jeher gilt der Baum in vielen Kulturen als Symbol der Lebenskraft und Langlebigkeit. Es ist ein alter Menschheitstraum, selbst wie ein Baum zu sein, der fest dasteht, den kein Windstoß so leicht umwirft. Große und alte Bäume können religiöse Empfindungen auslösen, denn sie verbinden das Unterste mit dem Höchsten, sind tief im Erdreich verwurzelt, werfen einen weiten Schatten auf ihre Umgebung und ragen mit ihrer Krone in den Himmel. So hat es im dicht bewaldeten vorchristlichen Europa viele Baumheiligtümer gegeben, denen eine geheime Macht und heilende Kraft zugesprochen wurde.

Die Nagel-Eiche von Herchies dürfte eine sehr lange Geschichte besitzen. Manche mutmaßen, dass sie bis in die Zeit der Druiden zurückreicht. Ihre Kraft wirkt über alle Grenzen der politischen und religiösen Epochen hinweg. Ja, sie überlebt sogar den Baum selbst. 1954 starb die uralte Eiche an diesem Ort ab. Doch die Dorfbewohner zögerten keinen Moment und pflanzten sogleich eine junge Eiche nach. Diese wuchs gut an und hat in den vergangenen fünfundsechzig Jahren die alte Glaubensgeschichte so fortgeschrieben, als hätte es nie einen Bruch gegeben. In ihr leben all die Vorgängerbäume fort, die vielleicht seit der Druidenzeit den Menschen dieser Gegend Heilung, Trost und Hoffnung versprochen haben.

Dass dieser Baumort nicht totzukriegen ist, wusste schon eine alte Legende, die im Dorf immer noch erzählt wird. Es war einmal ein Bauer, der die Eiche fällen lassen wollte. Er ärgerte sich, dass die Menschen auf ihrem Pilgerweg zum heilenden Baum über seine Felder liefen und deren Früchte niedertrampelten. Also schickte er seine Knechte mit Äxten los. Doch als sie auf die Eiche einschlugen, spürten sie, wie mit jedem Hieb ihre Lebenskraft schwächer wurde. Sie gaben bald auf und gingen zu ihrem Herrn zurück. Da zog er selbst los und legte Hand an die Eiche. Doch mit jedem Axthieb bildeten sich Furunkeln auf seinem Körper, immer mehr. So gab auch er endlich auf und bat den Baum um Heilung.

Immer noch gehen die Menschen von Herchies zu ihrer Nagel-Eiche, aber einzeln, fast heimlich. Man spricht im Dorf nicht darüber. An diesen ruhigen Ort pilgern die Menschen ganz für sich allein. Ohne sich einem Priester oder Seelsorger offenbaren zu müssen, bringen sie ihren Schmerz, dazu einen kleinen Hammer, einen Nagel und ein Sorgenstück. Im stillen Zwiegespräch mit der Eiche nageln sie das, was sie belastet, an ihren Stamm, vertrauen es ihr an. Manche glauben fest an die Heilkräfte des Baumes, andere sind da unsicherer. Aber schaden kann es ja nicht, vielleicht hilft es sogar dann, wenn man nicht daran glaubt. Doch allein schon eine Weile unter dem Schatten dieses Baumes zu sein, lindert die Last. Einige, die sich treu zu ihrer Kirche halten, haben die Eiche katholisiert, bekreuzigen sich vor ihr und rufen den heiligen Antonius als den Geist dieses Baumes an. Sie stellen ewige Lichter auf und legen Blumen ab. Im 18. Jahrhundert hat man sogar eine winzige Kapelle neben der Eiche errichtet. Aber andere Dorfbewohner sind da weniger festgelegt. Ob es der Baum ist oder ein Heiliger oder Geister oder die Natur oder Gott, der hier erfahren werden kann – das ist für sie keine Sache einer ausschließenden Wahl. Wohin sie ihre Schmerzen richten, die Quelle ihrer Hoffnung, der Grund ihres Trostes kann für sie unbestimmt bleiben. Wichtig ist nur, dass sie hier schweigendes Gehör finden. Dem dient auch ein alter, verwitterter Briefkasten, in den sie ihre Bitten einlegen können.

Es ist ein fast anonymer Kult, nur weitergeflüstert von den Großmüttern, den Hüterinnen der inoffiziellen Traditionen. Die Kirche des Dorfes wahrt vorsichtig und höflich Distanz. Guy Bronin, der Dorfhistoriker, erklärt, warum selbst der langjährige Priester nie hierhergekommen ist: «Er hat den Baum diesen Wesen überlassen.» Sylvain Dramaix, der örtliche Fremdenführer, fügt hinzu, dass diese altertümliche Baumverehrung inzwischen eine eigene Modernität besitze. Es sei doch ein Zeichen unserer Zeit, dass jeder sich heute seine eigene Religion mache, ganz für sich glaube und hoffe, mal stärker, mal schwächer, und dabei die unterschiedlichsten Vorstellungen zu einer eigenen Spiritualität verbinde. Betrachtet man aber diesen Baum mit all dem, was an ihn angenagelt wurde, kann einem noch etwas anderes aufgehen. Wer ihn besucht, denkt unweigerlich nicht nur an eigenes Leiden, sondern auch an die Schmerzen und Sorgen der Nachbarn. So ist dies auch ein pflanzliches Denkmal der Solidarität, ein kleines Monument des Mitleids.

Wahrheitssuche unter dem Affenbrotbaum: Tensuk, Ghana

10° 40′ 24″ nördlicher Breite; 0° 49′ 1″ westlicher Länge

Ein Baum in Afrika, genauer gesagt: ein Affenbrotbaum im äußersten Nordosten Ghanas. Sein Stamm ist kurz, aber sehr dick, die mächtige und bizarre Krone gleicht einem Wurzelwerk, das in den Himmel ragt, so als wäre er – wie eine afrikanische Legende erzählt – von einem Teufel verkehrt herum eingepflanzt worden. Der alte, prächtige Baum löst mitten in der kargen Savanne im Land der Tallensi wie von selbst Ehrfurcht aus. Den Tallensi gilt er als heilig. Nie kämen sie auf die Idee, ihn zu fällen.

Dieses Volk zieht seit langem das Interesse der Ethnologen auf sich. Denn es ist «akephal» organisiert, das heißt, es gibt bei den Tallensi keine Obrigkeit, keine Hierarchie, keine Institutionen der Macht. Sie organisieren sich in Großfamilien, die als sesshafte Ackerbauern dezentral in kleinen Ansammlungen von Hütten wohnen und in erstaunlicher Gleichberechtigung ihre Angelegenheiten regeln. Insgesamt soll es etwa hunderttausend Tallensi geben, die auf einem Gebiet so groß wie Hamburg leben. Als anarchistische Utopie eines gewalt- und herrschaftsfreien Lebens sollte man sich ihre Gesellschaft nicht vorstellen, aber auch nicht als primitive, unterentwickelte Ansammlung. Sie ist eine eigenständige und bewusst gepflegte soziale Form mit einer langen Tradition.

Wo politische Ämter und Institutionen fehlen, haben religiöse Rituale eine besonders hohe Bedeutung für das Zusammenleben. Bei den Tallensi ist dies der Erdkult, der sich mit großen Bäumen verbindet oder in familienübergreifenden Festen gepflegt wird. Und es ist der Ahnenkult. Auch wenn sich in den vergangenen Jahrzehnten sehr vieles in dieser Region Ghanas verändert hat, neue Technologien, Kommunikations- und Wirtschaftsformen Einzug gehalten haben, werden die Rituale des Ahnenkults weitgehend noch so vollzogen, wie es früher geschah. Versuche christlicher Mission blieben hier fast ohne Wirkung. Das Ritual, von dem nun erzählt werden soll, haben ein Freund, der als Ethnologe bei den Tallensi gelebt hat, und seine Frau, die es fotografiert hat, vor etwa zwanzig Jahren miterlebt. Es könnte sich aber heutzutage noch genauso abspielen.

Die Bewohner des kleinen Gehöfts Tensuk haben sich an diesem Tag um einen kleinen Schrein versammelt, der sich unter dem großen Affenbrotbaum befindet. Dass der Ahnenschrein nahe bei seinem Stamm, in seinem Schatten steht, ist kein Zufall. Dies ist ein heiliger Ort der Ruhe und Besinnung, eine sehr würdige Stelle für den Schrein. Darin ruhen nicht etwa die Gebeine der Vorfahren, sondern hier sind die Seelenkräfte der Ahnen gegenwärtig und wirksam. Deshalb ist er auch der Sitz des Bakologdaan, des örtlichen Wahrsagers. Um ihn hat sich die kleine Gruppe versammelt und wartet gespannt. Denn ein böses Rätsel muss gelöst werden.

Einer aus dem Gehöft, ein Mann namens Nauh, ist vor kurzem gestorben. Wie konnte das geschehen? Für dieses Unglück muss es einen tieferen Grund geben, der gefunden werden muss, wenn das Leben weitergehen soll. Der Bakologdaan steht nun vor der Aufgabe herauszufinden, welche Kräfte aus dem Jenseits den Tod herbeigeführt haben und wie sie zu versöhnen sind. Er hat eines der wenigen Ämter inne, das die Tallensi zu vergeben haben. Fast jedes Gehöft hat einen Bakologdaan. Als Priester, Lehrer, Therapeut, Arzt und Magier in einer Person muss er Lebensfragen aller Art beantworten. Berufen wird er zumeist vom Geist einer verstorbenen Großmutter. Aber auch die Begegnung mit einem wilden Tier in der Natur kann einen entscheidenden Impuls geben. In der Regel findet die Initiation zum Wahrsager fern von den Menschen und ihrer Kultur, der Familie und dem Gehöft draußen in der Wildnis statt. Der Bakologdaan von Tensuk aber erfuhr seine Initiation auf dem Affenbrotbaum. Zehn Tage hatte er aus Gründen, die andere nicht verstehen konnten, in der Krone des Baumes verbracht und war als ein anderer wieder herabgestiegen. Auf Außenstehende wirken die Bakologdaan nicht selten befremdlich, fast so, als wären sie psychisch gestört oder gar krank. Doch sollte man bedenken, dass sie ein Amt ausüben, für das sie – nach ihrer Berufung – über viele Jahre bei einem erfahrenen Meister in die Lehre gehen mussten.

Der Bakologdaan von Tensuk sitzt also auf seinem Schrein unter dem Affenbrotbaum und macht sich an die Arbeit. Um das dunkle Geheimnis zu lüften und das Gleichgewicht zwischen der diesseitigen und der jenseitigen Welt wiederherzustellen, hat er sich zunächst mit Hilfe einer Kürbisrassel in Trance versetzt. Dann beginnt er ein langes, klangvolles, windungsreiches Gebet, seine Zwiesprache mit den weiblichen und männlichen Ahnen. Mit ihren Namen ruft er sie an:

«Palung, bist du da? Sengo? Kuorege? Ihr müsst euch beeilen! Kommt und steht mir bei, beim Haupttor.»

Dann befragt er das Orakel. Dazu schüttet er Objekte auf den Boden: Knochen, Tuchfetzen, Garnrollen. Was für Fremde wie Abfall aussehen könnte, ist für ihn eine Zauberschrift. Mit einem anderen Mann hält er einen Stab über die Gegenstände, aber es sind die Ahnen, die dessen Spitze von einem zum anderen führen und ihn so Stück für Stück zu einer Antwort auf seine Fragen leiten.

Die kleine Gemeinde feuert ihn an:

«Frage den Geist, den Bakolog! Frage die Mütter und Großmütter; denn du bist der Bakolog. Frage die Wächter der Erde und die Ahnen.»

Schritt für Schritt, von einem Objekt zum anderen, tastet sich der Bakologdaan voran auf seinem langen, langsamen Weg zur Wahrheit.

«Ich sehe das Haus, das den Tod verursacht hat. Jemand ist gestorben. Ich sehe Mehlwasser, eine kleine Höhle.»

Das scheint auf ein zu kleines Opfer in einer Beerdigungszeremonie hinzudeuten, bei der der Hinterbliebene knauserig war.

«Ich sehe den Grund, seine Hand, ich sehe das Mehlwasser.

Du willst mir die Wahrheit sagen. Die Auflösung des Rätsels ist in deiner Hand. Es war der weibliche Schrein, mit der Hand und dem Mund. Es hätte ein Opfertier und Hirsebier sein sollen. Der weibliche Schrein! Er hätte sein Recht bekommen sollen.»

Nun spricht eine erzürnte Ahnin, die Großmutter des Verstorbenen, aus dem Mund des Wahrsagers:

«Ich als Frau hätte eine Opfergabe bekommen sollen. Ich habe ihm geholfen. Und was tust du, braust kein Hirsebier und gibst kein Opfertier!»

Die Großmutter hatte den Verstorbenen doch so unterstützt, dass er reichlich Tiere hatte, Land und gute Ernten. Aber Nauh hatte es ihr nicht gedankt, ihren Schrein nicht mit großzügigen Opfergaben bedacht.

«Sie haben ihr das Opfertier nicht gegeben und auch kein Hirsebier. Sie beschützt euch doch! Sie sagt doch, was sie braucht», spricht der Bakologdaan aus seiner Trance. Der Mann, der das andere Ende des Stabs hält, feuert ihn weiter an:

«Suche, suche, suche den Grund!»

Endlich, etwa zwei Stunden sind inzwischen vergangen, stellt sich Gewissheit ein:

«Er hat doch so viel durch das Ackerland gewonnen. Ich töte ihn! Es war nicht der Schrein. Du solltest weitersuchen. Dies ist die Hausherrin!»

Der Stab schlägt zur Bestätigung dreimal aus.

«Sie war zornig und tötete den Toten.»

Wieder schlägt der Stab dreimal aus. Die Wahrheit ist endlich ans Licht gebracht. Das also war es: Der Verstorbene hatte die Ahnin mit seinem Geiz und der ungerechten Verteilung seiner Gaben so erzürnt, dass sie ihm aus Rache das Leben raubte:

«Sie gaben Hirsebier und ein Opfertier dem männlichen Schrein. Mir aber haben sie nichts gegeben. Das ist der Grund, warum ich den Toten getötet habe.»

Heilende Bäume

Die Gruppe macht eine Pause. Danach wird zur Bestätigung ein Huhn am Schrein unter dem Affenbrotbaum geopfert.

«Jetzt ist es an dir, Schrein. Der Tod kam, Nauh ist tot. Er hat auf den Feldern gearbeitet und ein Tier gekauft. Er hätte ihr ein Opfertier geben sollen und auch Hirsebier. Er hätte beten sollen: ‹Dies ist für dich, du hast mir geholfen!› Da hat sie ihn getötet. Wenn es denn so sein sollte, habe Gnade und vergib ihm. Komm her und setz dich zu uns. Sie werden dir Opfertiere geben, so dass der Hausfrieden wieder kommt. Kommt alle zusammen und setzt euch und bezeugt, dass das Huhn flach liegt!»

Nun wirft der Bakologdaan das Opfertier wild flatternd in die Luft. Wenn es auf dem Rücken landet und stirbt, wurde seine Weissagung von den Ahnen gebilligt.

«Vater, Vater, wir hören.»

Das Huhn landet auf dem Rücken und stirbt.

«Alles ist von dir.»

Das Ritual hat nach mehreren Stunden sein Ende erreicht. Die Trauer der Angehörigen über den toten Nauh wird bleiben, sie werden wahrscheinlich noch lange an ihn denken, von ihm erzählen und dabei weinen. Aber die religiöse Ordnung wurde wiederhergestellt, die Welt ist erneut im Lot. Denn unter dem Schatten des mächtigen Affenbrotbaums wurde Friede gestiftet zwischen Lebenden und Toten, Diesseits und Jenseits. Geleistet hat dies ein Ritual, das auf Fremde seltsam wirken mag, für die Tallensi aber gar nichts Außergewöhnliches oder Geheimnisvolles darstellt. So machen sie es eben an vielen Tagen und zu unterschiedlichen Anlässen, öffentlich und nicht versteckt, konzentriert, aber auch mit viel Gewusel drum herum, ein ganz normaler Vorgang, an dem übrigens der Wahrsager nichts verdient.

13. Geister-Städte

Das Himmlische Jerusalem in Nkamba, Kongo

5° 27′ 60″ südlicher Breite; 14° 53′ 15″ östlicher Länge

Das himmlische Neue Jerusalem liegt im Gebiet des unteren Kongo. Etwa dreieinhalb Stunden muss man mit dem Auto von Kinshasa nach Südwesten fahren, dann erreicht man einen kleinen Ort, der früher einfach nur Nkamba hieß. Er liegt inmitten einer weiten Hügellandschaft, dicht und dunkelgrün bewachsen. Auf einem dieser Hügel liegt Nkamba-Jerusalem. Eine rote Schotterstraße führt dorthin und um die Erhebung herum. Unten stehen einige Häuser, Hütten und Buden. Über eine breite Steintreppe gelangt man bequem nach oben. Dort angekommen, muss man die Schuhe ausziehen, denn dies ist ein heiliger Ort. Deshalb ist es auch strengstens verboten, auf den Boden zu spucken. Es öffnet sich ein weiter asphaltierter Platz, der zum neuen Tempel führt: eine riesige Kirche, 100 Meter lang und 50 Meter breit, mit einem breiten Portal, darüber ein Kreuz, links und rechts je ein Turm, alles weiß getüncht, nur das breite, schlichte Satteldach ist grün. Aus der Luft fotografiert, sieht der Tempel des Neuen Jerusalem fast wie eine riesige Lagerhalle aus. Seltsam, wie solch eine Kirche, die siebenunddreißigtausend Sitzplätze bietet, in dieser armen und abgelegenen Gegend errichtet werden konnte. Gleich dahinter stößt man auf einen kleinen Komplex aus mehreren niedrigeren Häusern, wieder in Weiß und Grün: das Mausoleum für die Gründer und Erbauer des Neuen Jerusalem. Nicht weit davon entfernt steht die Residenz des heutigen Tempelherrn, mit gut ausgestatteten Wohnräumen und einem festlichen Audienzsaal. Schließlich gibt es noch ein großes Wasserbecken für rituelle Bäder.

Filme zeigen, wie es auf dem Kirchplatz zugeht. Gruppen von Männern und Frauen, Jungen und Mädchen – nach Alter und Geschlecht getrennt, alle schlicht und ordentlich gekleidet, die Frauen mit Kopftuch und weiten Röcken, die Männer in Hemd und Hose – singen im Chor und im Wechsel einfache, ruhige Lieder, nicht sonderlich rhythmisch, aber schön anzuhören, auch wenn man die Texte – bis auf die vielen Hallelujas – nicht versteht. Dann sieht man die Gruppen marschieren, in langen Reihen aneinander vorbei oder durcheinander, eine konzentrierte Massenchoreografie, aber kein Tanz. Ein Blasorchester spielt dazu auf Posaunen, Trompeten und umgehängten Trommeln, die Musiker in prächtigen weiß-grünen Uniformen. Andere Filme erlauben einen Blick ins Innere des Tempels. Sie zeigen stundenlange Gottesdienste. Die Gebete der Gemeinde sind voller Leidenschaft: Jubeln, Weinen, Schreien. Dann ausführliche Predigten und Vorträge, in ruhigem, monoton wirkendem Tonfall. Wieder draußen, sieht man den heutigen Tempelherrn, wie er auf einem Podest Paraden von weißgrün uniformierten Männern – jedoch ohne Waffen, dafür wie er selbst auf Strumpfsocken – abnimmt und Reden hält. Oder er schreitet über den Platz, Menschen kommen zu ihm, knien nieder, er reicht ihnen die Hand. Manchmal, auch das ist zu sehen, liegen Frauen vor ihm zitternd und zuckend am Boden, ruhig beugt er sich zu ihnen hinab, berührt sie, spricht zu ihnen, zieht sie empor, richtet sie auf, bis sie stehen, lachend davongehen und die Danebenstehenden in Jubel ausbrechen. Hier dreht sich alles, wie mir Aurélien Mokoko Gampiot, ein junger Religionswissenschaftler, der eine herausragende Studie über diesen seltsamen Ort verfasst hat, in einer E-Mail schreibt, nur um die alles umgreifende Erfahrung des Heiligen: «Die Bands, Chöre und Gebete sind allgegenwärtig im täglichen Leben von Nkamba.»

Die Geschichte des Neuen Jerusalem mitten im Kongo begann vor etwa einhundert Jahren. Damals stand das Land unter belgischer Herrschaft. Die kleinste europäische Kolonialmacht war zugleich eine der grausamsten. König Leopold II. hatte das riesige Gebiet zu seinem Privatbesitz gemacht, in dem der Ausbeutung von Menschen und Natur keinerlei Grenzen gesetzt waren. Unfassbare, massenhafte Gräuel – Sklaverei, Zwangsarbeit, Mord, Vergewaltigung, Verstümmelung, Aushungerung – waren die Folge. Zwar wurde dieses private Terrorregime 1908 beendet, doch die koloniale Gewalt der Belgier fand noch lange kein Ende. Hinzu kamen tödliche Krankheiten, vor allem nach dem Ersten Weltkrieg die Spanische Grippe, die schon in Europa zu einem Massensterben geführt hatte. Man schätzt, dass zwischen 1880 und 1921 die Bevölkerungszahlen um die Hälfte oder gar um drei Viertel abstürzten.

In dieser Zeit wurde den Völkern des Kongo ein Prophet gesandt. Sein Name war Simon Kimbangu, und er war ungefähr dreißig Jahre alt – so wie Jesus von Nazareth –, als er öffentlich zu wirken begann. Früh hatte er seine Eltern verloren und war in der Obhut der Baptist Missionary Society aufgewachsen. Traditionell afrikanischer Religion stand er ebenso fern wie dem Katholizismus der Kolonialherren. 1915 wurde er nach baptistischem Ritus getauft, anschließend zum Diakon ausgebildet. Es folgten Jahre, in denen er als Wanderarbeiter in Léopoldville, dem heutigen Kinshasa, ein Auskommen zu finden versuchte. Nachdem dies misslungen war, kehrte er 1921 in seinen Heimatort Nkamba zurück. Seine Hoffnung, dort als baptistischer Prediger zu wirken, erfüllte sich jedoch nicht. Das muss für ihn ein schwerer Schlag gewesen sein.

Dann ereignete sich etwas Unerhörtes. Es war Mitte März 1921, als Simon Kimbangu davon erfuhr, dass eine Frau namens Kintondo aus dem Nachbardorf Ngombe-Kinsuka schwer erkrankt war. Er zog los, ging zu ihr, legte ihr die Hand auf, rief den Namen Jesu Christi an, betete, da begann sein ganzer Körper zu zittern, zu zucken – und plötzlich war die Frau wieder gesund. Die Nachricht von diesem Wunder verbreitete sich flugs, und Menschen strömten in Scharen nach Nkamba. Wie Jesus von Nazareth ließ Kimbangu sich von ihrer Not anrühren, heilte die Kranken, betete mit den Verzweifelten und verkündigte ihnen in langen, begeisternden Predigten, dass eine neue Zeit des Heils angebrochen sei. Ihr äußeres Zeichen waren die Wunder, die er tat.

Einmal soll der neue schwarze Messias sogar ein totes Mädchen wieder ins Leben zurückgeholt haben. Dina war mit fünfzehn Jahren gestorben. Drei Tage dauerte es, bis die Familie sie von ihrem Dorf Ntumba nach Nkamba gebracht hatte. Ihr Leichnam hatte in der feuchten Hitze bereits begonnen zu verwesen, da trat Kimbangu zu ihren Eltern und fragte, warum sie gekommen seien. Der Vater bat ihn, seiner Tochter das Leben zurückzugeben. Da nahm Kimbangu die Hand der Toten und rief: «Dina, im Namen Jesu Christi, steh auf!» – sie öffnete die Augen und erhob sich. Eine ungeahnte Freude brach aus. Endlich gab es in diesem geschlagenen Land wieder einen Grund zur Hoffnung, Aussicht auf unfassbares Glück.

Simon Kimbangu lehrte seine Zuhörer auch, wie sie leben sollten. An die Zehn Gebote sollten sie sich halten, einander in Liebe begegnen und fleißig arbeiten. Mit den alten Traditionen sollten sie brechen: nicht mehr tanzen, keine Trommeln schlagen, keine Ahnen verehren oder von Menschenhand gemachte Bildnisse anbeten. Jede Form von Hexerei und Zauberei sei ihnen verboten. Ehrbar sollten sie leben, nicht nackt schlafen oder baden, nur mit einer Frau oder einem Mann verheiratet sein, keinen Alkohol trinken. Deshalb gab es zum Abendmahl keinen Wein – der in Nkamba auch kaum zu bekommen gewesen wäre. Es wurde flüssiger Honig gereicht und dazu, anstelle von Brot, ein Gebäck aus Kartoffeln, Mais, Eiern und Bananen. Das klingt, als wollte Kimbangu ganz im Sinne der Kolonialherren und Missionare ein Programm der «Zivilisierung» durchführen. Aber er tat es aus eigenem Antrieb und weitaus wirksamer als die weißen Herren. Diesen wäre ein Bildersturm, wie Kimbangu ihn entfesselte, nicht möglich gewesen. In den Dörfern sammelten die Menschen auf seinen Befehl hin ihre Trommeln, Fetischfiguren und Instrumente der Wahrsagerei und vernichteten sie.

Diese fromme Kulturrevolution mag aus heutiger, europäischer Sicht wie eine bedauerliche Zerstörung von einheimischem Kulturgut wirken. Aber für Kimbangu und seine Anhänger war es der Beginn einer neuen Zeit, in der sie selbst als Auserwählte Gottes und Träger seines Geistes die religiöse und kulturelle Herrschaft übernahmen. Man bedenke auch, dass das, was Kimbangu als «Hexerei» und «Zauberei» bezeichnete, nicht allein Ausdruck einer eigenständigen Kultur war, die Europäern «exotisch» und anziehend erscheinen mag. Für Afrikaner konnten darin auch Mächte präsent sein, vor denen sie Angst hatten.

Simon Kimbangu und seine Jünger nahmen den Glauben der Weißen an – allerdings, um daraus sogleich etwas Eigenes zu machen. Er erklärte: «Der Christus, den die Missionare offenbart haben, ist derjenige, von dem ich meine Mission und meine Vollmacht erhalten habe. Ihr müsst an ihn glauben und seine Lehren in eurem Handeln befolgen. Ihr dürft ihn nicht länger als den Gott des weißen Mannes ansehen, sondern wirklich als den Sohn des Ewigen.» Die Bekehrung zum Christentum zielte auf Befreiung und Ermächtigung, und es war ein Einheimischer, der den neuen Glauben verkündigte – mit viel größerer Wucht und Wunderkraft als die Weißen. Das muss für jeden, der es erlebte, eine berauschende Umwertung aller bisherigen Werte bedeutet haben. Kimbangu fand dafür die Formel: «Schwarze werden weiß und Weiße schwarz!»

Damit war allerdings kein politisches Programm bezeichnet, keine antikoloniale Revolution ausgerufen. Das wäre damals gar nicht denkbar gewesen. Kimbangu forderte kein einziges Mal den Zorn Gottes gegen die weißen Gewaltherrscher herab. Das mag auch in den guten Erfahrungen begründet gewesen sein, die er als Kind und Jugendlicher bei den baptistischen Missionaren gemacht hatte. So predigte er genau wie Jesus oder wie Gandhi, der wenige Jahre zuvor in Südafrika gewirkt hatte, die Gewaltlosigkeit.

Damit begann vor gut hundert Jahren in Nkamba – und in ähnlicher Weise an einigen anderen Orten in Afrika – etwas epochal Neues. Hier, im Abseits der Kolonialreiche, wurde ein neues Kapitel in der Geschichte des Christentums aufgeschlagen, ohne dass die Kirchenführer und Theologen in Europa es bemerkt hätten. Sie meinten vielleicht, dass die christlichen Missionsgesellschaften die Afrikaner in ihrem Sinne «zivilisieren», also «europäisieren» würden. Doch die eigentliche, wenn auch ungewollte Wirkung der Mission war, dass Afrikaner das Christentum «afrikanisierten».

Obwohl Simon Kimbangu Gewaltlosigkeit predigte, fühlten die belgische Kolonialmacht und die katholische Kirche sich von ihm bedroht. «Schwarze werden weiß und Weiße schwarz!» – das konnte nichts Gutes bedeuten. Zudem verließen Tausende unerlaubt ihre Arbeitsplätze – die Plantagen, Bergbauschächte, Betriebe und Häuser der Weißen – und pilgerten nach Nkamba. Deshalb machte sich schon am 11. Mai 1921, also zwei Monate nach dem erstem Heilungswunder, Léon-George Morel, der Leiter der Kolonialverwaltung im südlichen Kongo, gemeinsam mit zwei Soldaten auf den Weg. In Nkamba traf er zunächst auf eine Menge von etwa achthundert Menschen und dann auf den neuen Propheten, umrahmt von zwei Männern und zwei Frauen. Kimbangu trug eine rote Hose und ein weißes Flanellhemd, in der Hand hielt er eine Art Bischofsstab. Noch befremdlicher erschien dem Kolonialbeamten, dass Kimbangu ebenso wie seine vier Begleiter zitterte und zuckte. Er versuchte mit ihnen zu sprechen – vergeblich, der Prophet und seine Begleiter schüttelten sich nur und stießen unverständliche Schreie aus.

Da zog der Beamte sich zurück und schlug sein Zelt auf. Nach einer Weile näherte sich der Prophet, las laut aus der Bibel die Geschichte von David und Goliath vor, um anschließend dem Gast die Hand zu schütteln. Auf dessen Frage, wie denn die seltsame Begrüßung zu verstehen sei, erklärte ihm Kimbangu, das Schreien sei ihre Unterhaltung mit Gott und das Zittern habe ihnen Gott selbst befohlen. Schnell reiste Morel wieder ab, denn der Prophet und seine Anhänger ignorierten seine Anordnungen und stellten seine Autorität offen in Frage. Zurück bei seinen Vorgesetzten, empfahl er die sofortige Unterdrückung dieser Erweckung: Denn «die Eingeborenen werden sagen, dass sie den

Gott der Schwarzen gefunden hätten. Und es ist sicher, dass sie von Kimbangu eine feindselige Einstellung gegenüber der weißen Rasse empfangen.»

Schon am 6. Juni rückten Soldaten in Nkamba ein. Aber der schwarze Messias konnte wundersamerweise entkommen, floh in den Busch und setzte seine Verkündigung noch drei Monate lang im Untergrund fort. Doch im September stellte er sich. Wie Jesus hatte er nur sehr kurz öffentlich gewirkt, wie Jesus lieferte er sich einer Unrechtsjustiz aus, wie Jesus wurde er zum Tode verurteilt. Am 3. Oktober erklärte der Richter seine Bewegung zu einer «Geheimsekte, die unter dem Schleier einer neuen Religion die Autorität des Staates zerstören will». Doch anders als sein Heiland wurde Kimbangu nicht hingerichtet. Aufgrund der Fürsprache baptistischer Missionare wandelte König Albert die Todesstrafe in eine lebenslange Haft um. Kimbangu wurde ganz ans andere Ende des riesigen Kolonialgebiets, nach Élisabethville, verbracht und eingesperrt. Die einzige Fotografie, die es von ihm gibt, zeigt ihn im Gefängnishof in Häftlingskleidung. Für seine Anhänger in Nkamba war er unerreichbar, fast wie tot. Anfangs soll er ihnen noch an verschiedenen heimatlichen Orten erschienen sein, doch dann brach die Verbindung ab. Dreißig Jahre sollte er im Gefängnis verbringen, länger als Nelson Mandela. Wie es ihm in dieser Zeit erging, was er dachte und empfand, ist unbekannt. 1951 starb Simon Kimbangu, ohne je wieder nach Nkamba zurückgekehrt zu sein.

Seine Bewegung jedoch überlebte und wuchs rasant – auch dank der belgischen Verfolgung. Die Kolonialherren deportierten zwar siebenunddreißigtausend Familien – daher die Anzahl der Sitzplätze im später gebauten Tempel –, also etwa hundertfünfzigtausend Menschen, in Arbeitslager. Aber Tausende konnten fliehen und trugen Kimbangus Botschaft hinaus in viele Gebiete Belgisch-Kongos. Kimbangus Frau Marie Muilu und die drei Söhne formten aus seiner spontanen Erweckungsbewegung eine Untergrundkirche mit Anhängern im ganzen Land. Sein jüngster Sohn, Joseph Diangienda, wurde sein Nachfolger und konnte die verfolgte, versteckte und verstreute Bewegung schließlich zu einer richtigen Kirche umgestalten: der Église de Jésus-Christ sur la Terre par le Prophète Simon Kimbangu. Sie wurde 1959, kurz bevor Belgien sich plötzlich aus dem Kongo zurückzog, offiziell anerkannt. Eine besondere Anerkennung erfuhr die kimbanguistische Kirche, als sie 1969 als erste unabhängige afrikanische Kirche in den Ökumenischen Rat der Kirchen aufgenommen wurde.

«Papa» Joseph Diangienda leitete die neue Kirche mit seinen beiden Brüdern. Gemeinsam bildeten sie eine regelrechte Dreieinigkeit. Ebenso wie «Papa» Simon Kimbangu wurde «Papa» Joseph Diangienda als Verkörperung des Heiligen Geistes verehrt. Sein Bruder «Papa» Charles Kisolokele Lukelo wurde als Gottvater angesehen – woraus sich erklärte, warum man ihn nie beim Beten sah: Denn wie kann Gottvater ein Gebet zu sich selbst sprechen? Der dritte Sohn, «Papa» Salomon Dialungana Kiangani, wurde als Wiederverkörperung Jesu Christi angesehen. Dieses Mysterium wurde erst spät offenbart. Dialungana, der wie seine Brüder keine formale Bildung erhalten hatte und nur seine Muttersprache, Kikongo, beherrschte, scheint ein wortkarger Mensch gewesen zu sein. Fast nie gab er Anhängern, die sich ihm mit einem Anliegen näherten, eine Antwort. Er sah sie nur an, sprach ein kurzes Gebet über sie, beträufelte sie mit heiligem Wasser aus der Quelle von Nkamba. Doch dies scheint ihnen genügt zu haben. Viele sagten anschließend: «Papa hat mir nicht geantwortet, aber er hat mich angesehen. Jetzt weiß ich, dass es gut wird mit mir.» Der Eindruck, den Dialungana bei den Gläubigen hinterließ, war so tief, dass sie in ihm Jesus Christus wiedererkannten.

Anfang der 1990er Jahre wurde daraus eine offizielle Lehre der kimbanguistischen Kirche. Seither feiert sie Weihnachten am 25. Mai, dem Geburtstag von «Papa» Dialungana. Es verwundert nicht, dass andere Kirchen daran erheblich Anstoß nahmen. Doch ist es gar nicht so leicht, die Gleichsetzung der drei Söhne von Simon Kimbangu mit der göttlichen Trinität zu verstehen. Was ist genau damit gemeint, wenn man sagt: «Papa» Dialungana «ist» Jesus Christus? Soll dies ein dogmatischer Satz mit Wahrheitsanspruch sein, oder ist es eher ein Versuch, dem intensiv empfundenen Eindruck einer spirituellen Wirkmächtigkeit Ausdruck zu verleihen? Oder spricht sich so der Glaube aus, dass Gott da ist, gegenwärtig, hier und heute, mitten im Kongo, in der Gestalt eines geistbegabten schwarzen Mannes?

Seit den 1960er Jahren wurde die kimbanguistische Kirche zu einer wichtigen Institution im Land. Sie wuchs, gewann gesellschaftlichen Einfluss und finanzielle Möglichkeiten, baute Nkamba zum Neuen Jerusalem aus, gründete Schulen, Universitäten und Krankenhäuser. Vom langjährigen Diktator des nachkolonialen Kongo, Mobutu Sese Seko, wurde sie gefördert und für einen neuen Nationalismus in Dienst genommen. Das führte zu einer seltsamen Verkehrung der religionspolitischen Verhältnisse: Die während der Kolonialzeit beherrschende katholische Kirche wurde zu einer Kraft staatskritischer Opposition, die ehemals verfolgte Untergrundbewegung zu einer Art Staatskirche. Wie immer man dies beurteilen mag, sehr zu denken gibt, wie die kimbanguistische Kirche durchgehend, während der Kolonialzeit, der Mobutu-Diktatur und des ihr folgenden, endlosen Bürgerkriegs, konsequent bei ihrer Botschaft der Gewaltlosigkeit geblieben ist. Es gibt wenige Länder auf dieser Erde, die eine so unfassbare Geschichte der Gewalt durchlitten haben und immer noch durchleiden – und genau hier entstand eine neue Gestalt des Christentums, die keine Wut, keinen Hass, keine Aggression, keine Rachegelüste zu kennen scheint.

Seit 2001 leitet der älteste Enkel Kimbangus, «Papa» Simon Kimbangu Kiangani, die Kirche und wird als Verkörperung des Heiligen Geistes – der für das afrikanische Christentum wichtigsten «Person» der Trinität – verehrt. Seine Nachfolge war umstritten und hat zu Abspaltungen und Streit geführt, der bis heute nicht überwunden ist.

Der Glaube der Kimbanguisten speist sich von Beginn an aus drei Quellen: der Bibel, den Lehren der prophetischen Anführer und den Liedern. Als Simon Kimbangu mit seiner Verkündigung begann, stellte ihn ein protestantischer Prediger zur Rede: Wie es denn sein könne, dass er sich als Verkörperung des Heiligen Geistes ausgebe, aber in seinen Gottesdiensten die alten Hymnen der Baptisten singen lasse? Ob er denn keine eigenen habe? Daraufhin zog sich Kimbangu für einen Moment zurück und kehrte wenig später mit einem eigenen Lied auf Kikongo zurück, das er wie eine Offenbarung empfangen habe. Und so geschah es in den folgenden Jahrzehnten wieder und wieder, Tausende Male. Seine Nachfolger, aber auch einfache Gläubige empfingen in Träumen und Ekstasen neue Lieder, die mehr sind als bloße Chöre und Hymnen. Es sind Offenbarungen, visionäre Dramen, in denen die Heilsgeschichte Gegenwart wird. Eines der allerersten Lieder hat diesen Inhalt:

Nuisa tambula makanda ma nza	Heißt alle Nationen willkommen!
O Yesu kunu wonza kesa	Dies ist die letzte Verheißung Jesu.
E nkunga mia mbasi mubonga	Singt die Lieder der Engel!
Kenu vila kana ko.	Vergesst es niemals!

Obwohl diese Lieder von Gottes Geist jeweils in einem mystischen Moment eingegeben werden, wirken sie selbst nicht ekstatisch. Das mag auch daran liegen, dass sie nicht von den verfemten

Trommeln begleitet werden. Auch ist das Tanzen beim Singen streng untersagt. Bei Gottesdiensten gehen Ordner durch die Reihen und achten darauf, dass niemand allzu sehr in Schwingung gerät. Dennoch, hier singt nicht eigentlich eine Gemeinde fromme Lieder. Vielmehr spricht aus diesen Gesängen Gott selbst, mal ist es Gottvater, mal Jesus Christus, dann wieder einer der Propheten und Anführer. Als 1999 in Nkamba das Geheimnis gelüftet wurde, dass «Papa» Dialungana der wiedergekehrte Jesus Christus sei, geschah dies in Liedern wie diesem:

> Sollen sie sich wundern!
> Der Herr Jesus, der König aller Nationen,
> heißt Dialungana.
> Die Wahrheit ist offenbart, ein Ausbruch der Freude.
> Der Herr Jesus, der König der Welt,
> heißt Dialungana.
> Ihr werdet ihn an seinem Verhalten erkennen,
> ihr werdet ihn an seiner Göttlichkeit erkennen,
> ihr werdet ihn an seinen Werken erkennen,
> den Retter, den Herrn Dialungana!

Ähnlich wie die Spirituals der afroamerikanischen Sklaven in den Vereinigten Staaten sind die Lieder der Kimbanguisten eine religiös-musikalische Gegenliteratur. Der Unterdrückung, Ausbeutung und Entwürdigung durch die Weißen stellen sie Verse entgegen wie «Afrika, o Afrika, alle Reichtümer sind dein!» oder «Du, schwarzer Mensch, Gott hat dich von Anfang an geliebt» oder «Schwarz ist die Farbe, die Gott in dieser Welt auserwählt hat».

Heute lässt sich aus der Ferne schwer abschätzen, ob die kimbanguistische Kirche ihre beste Zeit nicht hinter sich hat, durch internen Streit geschwächt ist oder von neuen unabhängigen afrikanischen Kirchen überflügelt wird. Doch noch scheint der Geist in Nkamba, dem Neuen Jerusalem, zu wirken, wie dieses Lied, das auf Französisch empfangen wurde, erklärt:

Kommt nach Jerusalem!
Dort werdet ihr finden
Gott den Vater, Gott, den Sohn, Gott, den Heiligen Geist.
Habt keine Scheu, kommt nach Jerusalem!
Das Versprechen, das Gott euch gegeben hat, ist jetzt erfüllt
in Nkamba, dem Neuen Jerusalem, im unteren Kongo-Gebiet.
Afrika – Gott ist schwarz, Jesus Christus ist schwarz,
Kimbangu, der Heilige Geist, ist schwarz.
Brüder, kommt nach Nkamba, ihr alle,
zur göttlichen Quelle, die all eure Leiden hinwegnimmt!
Kommt nach Nkamba, hier werdet ihr Erlösung finden!

Glaubensstadt am Highway: Lagos, Nigeria

6° 29′ 11″ nördlicher Breite; 3° 23′ 8″ östlicher Länge

Eigentlich weht der Geist, wo er will, und benötigt keine besonderen festen Orte. Aber manche der neuen pfingstlerischen Kirchen in Afrika haben damit begonnen, eigene Städte zu bauen – so wie damals die Kimbanguisten in Nkamba. Besonders erfolgreich ist dabei die Redeemed Christian Church of God in Nigeria mit ihrem «Redemption Camp». Dieses befindet sich ausgerechnet an einem der höllischsten Orte des Landes, dem Highway zwischen Lagos und Ibadan. Er wurde von 1974 bis 1978 gebaut und ist heute die Hauptverkehrsader des Landes –

allerdings eine schrecklich verstopfte, schwerkranke Ader. Über zweihundertfünfzigtausend Autos werden hier pro Tag gezählt, vor allem Lastkraftwagen. Ungezählt bleiben die Staus, Unfälle, Explosionen, Überfälle. Hier herrschen Chaos und das Recht des Stärkeren. Doch genau hier haben sich zahlreiche afrikanisch-charismatische Mega-Churches und in letzter Zeit auch einige Moscheen angesiedelt. Nirgends sonst wäre sie so sichtbar.

Als eine der Ersten errichtete 1983 an diesem höllischen Highway die Redeemed Christian Church of God ein Versammlungsgebäude. Die Kirche wurde 1952 von Pa Josiah Akindayomi gegründet. Seine Familie war noch der Yoruba-Religion treu gewesen, doch als junger Mann ließ er sich von der protestantischen Church Mission Society taufen, um sich bald darauf einer frühen unabhängigen afrikanischen Kirche, der Cherubim and Seraphim Society, anzuschließen. Aber er wollte eine eigene Gemeinde aufbauen. Aus einem kleinen Gebetskreis in Lagos wuchs langsam, aber unaufhaltsam eine neue Kirche. Als Akindayomi 1981 starb, übernahm Enoch Adejare Adeboye die Leitung. Dieser war anders als der Kirchengründer kein nur Yoruba sprechender Analphabet, sondern ein gebildeter, mehrsprachiger, weltgewandter Dozent für Mathematik an der Universität von Lagos.

Schritt für Schritt baute Adeboye seine Kirche am Highway von Lagos zu einer eigenen Stadt aus. Inzwischen bietet sie mit fünftausend Häusern auf einem weiträumigen Gebiet zwanzigtausend Einwohnern eine Heimat. Das Redemption Camp besitzt eine vollständige Infrastruktur: Schulen, eine Universität, Krankenhäuser, Banken, Tankstellen, Geschäfte, eine Radio- und Fernsehstation, ein Gaskraftwerk und ein Wasserwerk, sogar einen Vergnügungspark. Besonders wichtig ist, dass hier Sicherheit herrscht. Dafür sorgt eine eigene Polizei. Ob man es auch ein «Neues Jerusalem» nennen sollte? Wichtiger dürfte den Bewohnern sein, dass dies eine Stadt ist, die funktioniert und alle Lebensnotwendigkeiten bereithält, die man in der molochartigen Hauptstadt Lagos bitter vermisst.

Das Zentrum des Redemption Camp bildet ein riesiges Auditorium. Es hat die Ausmaße von drei mal drei Kilometern. Unter seinem Dach können drei Millionen Menschen vor Sonne und Regen geschützt am Gottesdienst teilnehmen. So viele Gläubige kommen tatsächlich einmal im Jahr zum Holy Ghost Congress zusammen. Dieser ist ebenso wie die wöchentlichen Gottesdienste, an denen immerhin ein paar Hunderttausend teilnehmen, ein spirituelles Massenereignis mit begeisternden Predigten und regelmäßigen Wundertaten, weshalb Adeboye einer der einflussreichsten, erfolgreichsten Prediger der Gegenwart sein dürfte. Nicht zuletzt aber sind diese Großveranstaltungen sehr gut organisiert und bieten darin ein Gegenbild zum fast gescheiterten Staat Nigeria. Wer diese fromme Stadt betritt, entdeckt eine andere Welt: leise, sauber, friedlich, bequem, vertrauenswürdig, funktionstüchtig – fast ein Paradies. Allerdings kann sich nicht jeder das Leben in dieser christlichen *gated community* leisten. Es bleibt ein Zuhause nur für die Reichen und die aufstrebende Mittelschicht.

Die neuartigen unabhängigen afrikanischen Protestantismen sind eine einheimische Graswurzelbewegung von großer Eigenständigkeit. Wenn religionsentwöhnte Europäer überhaupt etwas von ihnen wahrnehmen, sticht ihnen als Erstes der Wunderglaube ins Auge. Aber was bleibt Menschen, die keinen Zugang zu guter Medizin und kaum Hoffnung auf Lebenssicherheit haben, anderes übrig, als auf Wunder zu hoffen? Man schaue sich nur einmal auf YouTube einen Gottesdienst der Redeemed Christian Church of God an und stelle sich vor, welche Schicksale die dort Versammelten mitgebracht haben, welche seelische Entlastung sie suchen, welchen Trost und welche Hoffnung sie brauchen. Vielleicht gewinnt man dann eine Ahnung davon, wie der Glaube diese Menschen aufrichtet. In den Augen der «Welt», besonders der weißen, gelten sie nichts. Vor ihrem Gott jedoch können sie sich als Auserwählte verstehen. Zudem bindet der Glaube sie zu Gemeinschaften zusammen, von denen sie in Notfällen eher Hilfe erwarten können als von einem abwesenden Staat oder westlichen Hilfsorganisationen, die kommen und gehen. Die rigide Moral, die sie befolgen müssen, mag zudem einigen helfen, ihr Leben in den Griff zu bekommen.

Aber natürlich ist die Machtfrage zu stellen. Keine Herrschaft ist so hart wie die charismatische. Einen vom Geist Gottes erfüllten Anführer darf niemand kritisieren. Er ist unfehlbar, so wie die Anführer der Kimbanguisten oder des Redemption Camp. Deshalb ist der Machtmissbrauch – emotional, sexuell, finanziell – hier eine starke Versuchung. Besonders bedrohlich werden die charismatischen Protestantismen, wenn sie nach der wirtschaftlichen und politischen Macht greifen oder sich kritiklos an die Seite der Herrschenden stellen. Immerhin hat die sicherlich sehr konservative Redeemed Christian Church of God – laut ihrer Website – sich dazu verpflichtet, das Ihre zu einer gerechteren Gesellschaft und besseren Regierungsführung beizutragen.

Inzwischen sind viele der unabhängigen afrikanischen Kirchen auch in Deutschland angekommen, nachdem sie schon längst in den ehemaligen Kolonialnationen Frankreich, England oder Belgien heimisch geworden sind. Gemeinden der kimbanguistischen Kirche finden sich in München oder Stuttgart. In Wuppertal-Oberbarmen trifft sich eine kleine kimbanguistische Gemeinde in einer Halle im Gewerbegebiet. Unter der Woche gibt eine Sprachschule hier ihre Kurse, am Abend kommt ein muslimischer Kulturverein zusammen, aber am Sonntag feiern die Kimbanguisten hier ihren vier- bis fünfstündigen

Gottesdienst. Auch die Redeemed Christian Church of God hat in Deutschland ihre Gemeinde, die größte von ihnen in Berlin, mitten im Wedding. Die Adresse lautet: Badstraße 34 (Hinterer Hof).

14. Verschobene Orte

Wo Kunst eine Kirche ersetzt:
Der Bethlehemkirchplatz in Berlin

52° 30′ 33″ nördlicher Breite; 13° 23′ 20″ östlicher Länge

Auf dem kleinen Bethlehemkirchplatz in Berlin, gleich bei der
Friedrichstraße, stand früher einmal eine Kirche, ein zierlicher
barocker Kuppelbau, der 1737 für evangelische Glaubensflücht-
linge aus Böhmen errichtet worden war. Diese hatten sich vor
einer der brutalen Rekatholisierungswellen im Habsburgerreich

über verschiedene Stationen nach Preußen retten müssen – «halbnackt, abgerissen und größtentheils elend» kamen sie dort an. In der Bethlehemskirche fanden sie endlich eine neue geistliche Heimat. Im Zweiten Weltkrieg wurde die Kirche schwer beschädigt, in der brutalen Nachkriegsmoderne der DDR dann 1963 «nachgesprengt», wie man damals sagte, und abgetragen. Denn gleich in der Nähe war zwei Jahre zuvor die Mauer errichtet worden. So fand die Kirche unfreiwillig Aufnahme in die lange Liste der aufgegebenen, zerstörten und vergessenen Kirchen Deutschlands. Ein Sammelband mit dem schön-schrecklichen Titel «St. Nirgendwo» hat sie neben andere verlorene Kirchen der Hauptstadt gestellt, an die sich kaum jemand noch erinnert. Als religiöser Ort hatte der Bethlehemkirchplatz längst aufgehört zu existieren – zumindest für die Berliner. Doch in regelmäßigen Abständen kommen Christen aus Südkorea hierher, für die dieser Ort immer noch von höchster Bedeutung ist. Denn hier liegen die Wurzeln ihres Glaubens.

Daran erinnert eine große Skulptur, nein es sind zwei, die den Bethlehemkirchplatz von einem religiösen in einen Kunstort verwandelt haben. Seit 1999 zeigt ein Mosaik in der Pflasterung des Platzes den Grundriss der kleinen Kirche. Seitdem ist auch der Platz nach ihr benannt. Neben dem Grundriss errichtete das niederländische Pop-Art-Künstlerpaar Claes Oldenburg und Coosje van Bruggen die Skulptur «Houseball», ein überdimensioniertes Bündel Hausrat, das an die Flucht der früheren Gemeindeglieder aus Böhmen erinnert. Schließlich errichtete 2012 der spanische Konzeptkünstler Juan Garaizabal auf dem Grundriss der Kirche eine Stahlskulptur, die ihre Außenmaße maßstabsgetreu nachbildet. Einundzwanzig dünne Stahlsäulen und acht Rundbögen zeigen an, wo die verschwundene Kirche stand und welche Form sie hatte. Die Wände wurden offen gelassen. Die Säulen ruhen in massiven Betonquadern. Nachts ist

«Memoria Urbana Berlin» fein illuminiert, ein zauberhafter Anblick für alle, die in Berlin nicht nur die ausgetretenen Pfade gehen. Tagsüber bei gutem Wetter genießen Angestellte aus der Umgebung, auf den Blöcken sitzend, ihre Mittagspause. Die wenigsten von ihnen dürften eine Ahnung davon haben, an welch seltsame Kirchen-, Stadt- und Weltgeschichte dieses Denkmal erinnert, die zumindest im fernen Südkorea noch nicht zu Ende gegangen ist.

Anfang des 19. Jahrhunderts gründete der böhmische Prediger Johannes Jänicke in der Bethlehemskirche die erste Missionsschule in Deutschland, die bald in «Berlinische Missionsgesellschaft» umbenannt wurde. Hier wurde Karl Gützlaff (1803–1851) ausgebildet. Aus einfachen Verhältnissen stammend, sollte er mit enthusiastischer Abenteuerlust nach Asien aufbrechen. Ohne eine große Institution im Rücken, als Einmannunternehmen zog er nach Indonesien und Macao, war lange in China und schließlich auch in Korea. Nicht ganze Länder und Völker wollte er für seinen Glauben gewinnen – im Gegenteil, es ging ihm darum, einzelne, einfache Menschen anzusprechen.

Dabei versuchte er, ihnen in Sprache, Kleidung, Ernährung und Lebensweise so ähnlich wie möglich zu werden. Man könnte fast sagen, dass er sich zu den asiatischen Kulturen bekehrte, in die er die christliche Botschaft brachte. Ziemlich eigenwillig waren seine Methoden. Chinesisch etwa lernte er so: «Da baute ich mir ein Haus von Brettern, nahm drei oder vier Chinesen, die lahm waren und durchaus nicht gehen konnten, und legte sie unter die Bretter, und da es unmöglich war, dass sie weglaufen konnten, so waren sie den ganzen Tag bei mir und redeten ihre Landessprache, und so wurde ich mit ihrer Sprache bekannt.» Gützlaff gab sich einen chinesischen Namen und trug nicht nur in China landestypische Gewänder. Auch bei Heimatbesuchen ging er wie ein Mandarin gekleidet durch die Straßen Berlins. Man kann sich vorstellen, welches Aufsehen dieser Kulturkonvertit erregte. Fast einen Skandal löste er aus, als er 1850 in der preußischen Hauptstadt einen Vortrag mit einem Fürbittengebet beendete, in dem er am Ende auch für das chinesische Volk und dessen Kaiser betete. Ein Zeitzeuge erklärte: «Gützlaff ist kein Deutscher mehr, wiewohl freilich auch kein Weltbürger im modernen Sinne, sondern er ist durch und durch mit dem chinesischen Volk verwachsen, alle seine Interessen sind an dieses Volk gebunden, darum sagt er ‹mein Volk› ..., man wird zu Thränen gerührt, wenn man hört, mit welcher unaussprechlichen Liebe er das chinesische Volk auf dem Herzen trägt.»

Doch sei nicht verschwiegen, dass Gützlaff im Ersten Opiumkrieg (1840–1842) eine problematische Rolle spielte. Für seine Reisen heuerte er als Dolmetscher auf englischen Handelsschiffen an, was zu befremdlichen Situationen führte: Während er backbord seine biblischen Traktate verteilte, wurde steuerbord Opium verkauft. Als die Engländer das «Reich der Mitte» militärisch überwältigten, um ihr fatales Opiumgeschäft zu sichern und zu erweitern, machte sich Gützlaff wieder als Dolmetscher nützlich – so etwa bei den Verhandlungen zum Vertrag von Nanjing, der China mit brutalem Zwang dem unfairen Außenhandel öffnete. Ob er selbst dies als Widerspruch zu seinem eigentlichen Auftrag angesehen hat? Einerseits erklärte er, er «verabscheue von ganzem Herzen diesen gegenwärtigen Krieg», andererseits bezeichnete er die chinesischen Truppen als «Abschaum der Menschheit».

An Gützlaff lässt sich etwas Grundsätzliches über die protestantische Mission lernen, die man am besten als Vorläuferin der heutigen Nichtregierungsorganisationen, der NGOs, verstehen kann. Die Missionsgesellschaften waren im 18. und 19. – ja bis weit ins 20. Jahrhundert – von der Kirche unabhängige Vereine christlich engagierter Bürger, die sich dem Ziel verschrieben hatten, den Glauben in alle Welt zu tragen, kleine Gruppen nonkonformistischer Idealisten, die oft wie die evangelischen Böhmen oder die Herrnhuter eine Fluchtgeschichte hinter sich hatten. Angetrieben von einer intensiven Frömmigkeit, formulierten sie selbstbewusst eine eigene Theologie und vertraten nicht selten auch politisch fortschrittliche Positionen. Besonders innovativ waren die Missionsfreunde in der Kommunikation. So nutzten sie alte und erfanden viele neue literarische Formen, um ihre Geschichten in der Heimat zu erzählen: Rundschreiben, Erbauungstraktate, Zeitschriften, Lesepredigten, Kinder- und Jugendbücher, Romane für Erwachsene. Damit verbanden sich ein intensives Networking und ein erfinderisches Fundraising.

Doch auch wenn diese Art von Mission nicht auf Eroberung und Ausbeutung zielte, war sie vielfach in den staatlichen und wirtschaftlichen Kolonialismus verstrickt, manchmal aus ganz praktischen Gründen: Die Missionare waren auf die Sicherheit angewiesen, die die «Schutztruppen» garantierten, sie nutzten die Infrastruktur, die die Kolonialverwaltungen organisierten, sie fuhren auf Handels- und Marineschiffen mit, und sie brauchten Geld von Spendern daheim. So machten sie sich abhängig, wurden Teil des kolonialen Systems, ließen sich korrumpieren – bewusst oder unbewusst. Diese komplexe Geschichte der Mission war in Deutschland bis vor kurzem vergessen, jetzt wird sie im Rahmen erhitzter Debatten über Kolonialismus und Postkolonialismus wieder betrachtet, bedacht und besprochen. Es gibt sogar Schriftsteller, die davon neu erzählen. In «Gott der Barbaren» (2018), Stephan Thomes beeindruckendem Roman über den Taiping-Aufstand, jedenfalls bekommt auch der seltsame Karl Gützlaff seinen Auftritt.

Man sollte aber in der berechtigten Missionskritik nicht vergessen, wie wichtig nicht wenigen Menschen in Asien oder

Afrika ihre eigene Missionsgeschichte ist, wie stolz sie auf diese sind, weil sie längst ein unverzichtbarer Teil ihrer religiösen und kulturellen Identität geworden ist.

Kunst für einen Missionar: Godaedo, Südkorea

36° 20′ 21″ nördlicher Breite; 126° 21′ 20″ östlicher Länge

Ein weithin sichtbares Zeichen, das der Missionsgeschichte auf eine für kritische Europäer überraschend positive Weise gedenkt, befindet sich am Strand von Godaedo, einer traumhaft schönen Insel westlich vom südkoreanischen Festland. Dort war Karl Gützlaff am 17. Juli 1832 als erster protestantischer Missionar gelandet. Friedlich und interessiert hatte er die Sitten und Gebräuche der Einwohner erkundet, ihre Sprache zu verstehen versucht, mit ihnen gegessen. Nur einen Monat konnte er bleiben, dann musste er auf Geheiß der dortigen Obrigkeit wieder nach China zurückkehren. Wahrscheinlich hat er nicht viel ausgerichtet, und doch ist Gützlaff in Korea immer noch hochverehrt. Am Ort seiner Ankunft erinnert ein kleiner Park an ihn mit zwei Gedenksteinen.

Als Hyun Ki Oh, Pastor der Dongil Presbyterian Church, bei einem Berlin-Besuch die Kircheninstallation von Juan Garaizabal entdeckte, bat er den Künstler, eine kleinere, immerhin noch sechs Meter hohe Variante von «Memoria Urbana Berlin» am Strand von Godaedo zu errichten. Das war für Juan Garaizabal ein «großes Abenteuer und eine wunderbare Erfahrung». Die beiden Geschwisterinstallationen reflektierten für ihn nun gemeinsam «den Weg, den die Gedanken und der Glaube der Böhmischen Gemeinde genommen haben». Er sei selbst erstaunt, wie anders und schön die kleinere Variante ohne den städtischen Kontext – Häuser, Straßen, Lärm, Abgase – nun in der menschenleeren Stille der Bucht von Godaedo wirkt. So erinnert heute in Korea der Umriss der Bethlehemskirche – ebenfalls in der Nacht zauberhaft illuminiert – an einen deutschen Missionar, der auf einmal da war, sich wie ein Chinese kleidete, offenbar nichts Böses wollte, dafür den Koreanern zwei wertvolle Geschenke mitbrachte: die erste Übersetzung des Vaterunsers in ihre Landessprache und die erste Kartoffel.

15. Räume der Berührung

Wo der Heilige Geist begraben liegt:
Das St.-Michaels-Heim in Berlin

52° 29′ 18″ nördlicher Breite; 13° 16′ 38″ östlicher Länge

Ein gewöhnliches Buchungsportal hatte uns eine Begegnung mit
dem Heiligen Geist verschafft. Das kam so: Wir hatten im Südwesten Berlins eine Übernachtungsmöglichkeit gesucht und gefunden, reisten an, wurden freundlich begrüßt, bezogen die sehr
angemessenen Zimmer. Auf dem Weg dorthin beschlich uns das

Gefühl, an einem seltsamen Ort zu sein. Irgendwie kirchlich wirkte er. Allerlei Ankündigungen waren an Schwarzen Brettern angebracht, in einer großen Halle hing ein großes Ganzkörperporträt eines alten Mannes in einem Anzug aus schwerem Stoff, mit einem mächtigen runden Kopf und einem buschigen Schnauzbart. Wer mochte das sein?

Nachdem wir uns eingerichtet hatten, schauten wir uns im St.-Michaels-Heim in Berlin-Grunewald um. Gleich am Eingang gab es eine Kapelle: ein offener Raum mit dem leicht verstaubten Charme der sechziger Jahre. Die Wand hinter dem Altar war ganz aus Glas und ließ den Blick hinaus in eine Parkanlage schweifen. Im Gegenlicht war nicht alles gleich zu erkennen. Dann sahen wir rechts an der Seite wieder ein Bild mit dem großen, runden, alten Männerkopf und seinem Nietzsche-Bart. Über dem Altar stand auf dem zentralen Fenstersegment der Satz «Gott ist Liebe». Nun standen wir vor dem Altar. Seine Tischplatte bestand aus drei Schichten, die nach oben hin größer wurden. Jede von ihnen war mit einem Namen beschriftet: Auf der untersten und kleinsten stand «Mose», auf der mittleren «Jesus Christus», und darüber auf der dritten und größten war der Name «Joseph Weißenberg» zu lesen.

Wir gingen hinaus, um das große, mehrfach erweiterte Gebäude herum in den Park, vorbei an einer Open-Air-Bühne, an einem Wasserlauf entlang, schließlich stießen wir auf einen versteckten Gedenkort. Schilder baten darum, Stille zu wahren und Andacht zu halten. Auf dem Boden lag eine mächtige Gedenktafel, sie wirkte wie eine überdimensionierte Grabplatte. Hinter ihr stand auf einem vergleichsweise kleinen Sockel eine Büste des alten Mannes mit dem Schnauzbart, von dem der Altar behauptet hatte, dass er bedeutungsvoller sei als Mose und Jesus Christus. Auf der Platte waren diese unbeholfenen Verse zu lesen:

Mit Irdischem lässt sich nicht ehren
der alles schuf, was ringsumher.
Der alles könnte uns gewähren
will Liebe nur und sonst nichts mehr.

Und darunter die Zeile: «Mein Werk ist umsonst, wenn die Liebe nicht größer wird.»

Zum Glück ist das St.-Michaels-Heim nicht die verwunschene Burg eines Geheimordens. Tafeln und Flyer gaben uns Auskunft über Joseph Weißenberg und seine Kirche. Wieder zu Hause, entdeckte ich schließlich einen langen Aufsatz eines Kollegen über den Mann, von dem seine Anhänger meinten, er sei der Heilige Geist in Menschengestalt gewesen.

Weißenberg war 1855 als Kind kleiner Leute in Schlesien geboren worden. Arm und unscheinbar war sein Leben: Volksschule, früher Choleratod der Eltern, Arbeit in der Landwirtschaft, Wanderschaft und Gelegenheitsarbeiten, 1882 Umzug nach Berlin, dort Arbeit als Maurer und Gastwirt. Doch dann geschah etwas: 1903 hatte Weißenberg eine Christus-Erscheinung und empfing eine Berufung. Für einen Religionsstifter war er mit fast fünfzig Jahren schon recht alt. Aber seiner Wirksamkeit schadete dies nicht, da er heilen konnte. Er legte Kranken die Hand auf, er «magnetisierte» sie, er führte sie zu Christus – und viele meinten, von ihm geheilt worden zu sein. Weißenberg meldete am 30. März 1903 seine Heilkunst als Gewerbe an. Die Praxis florierte, aus Patienten wurden Gläubige.

Es bildete sich eine Gemeinschaft, die die «Urkirche Jesu Christi» wiedererrichten wollte. Weißenberg nannte sie die «Vereinigung ernster Forscher von Diesseits und Jenseits – wahrer Anhänger der christlichen Kirchen». In ihren frommen Versammlungen kam es zu Heilungen, aber auch zu Offenbarungen und Verzückungen. Geistwesen erschienen den Anwesenden, «lichte Geister», die den in Trance Gefallenen durch «Geist-freundreden» Botschaften aus dem Jenseits zukommen ließen. Die Obrigkeit reagierte besorgt. Von 1909 bis 1912 wurde dieser ekstatische Verein verboten, 1915 wurde Weißenberg für einige Wochen inhaftiert, dann aber wieder freigelassen und rehabilitiert. Er schien für die öffentliche Ordnung doch keine Gefahr zu sein.

Einen mächtigen Aufschwung nahmen die «Weißenberger» in der aufgewühlten Weimarer Republik. Die zwanziger Jahre waren eine auch religiös hochproduktive Zeit. Viele Menschen verspürten angesichts tiefgreifender politischer und sozialer Umwälzungen eine drängende Erlösungssehnsucht, die zu einer Vielzahl von religiösen Neubildungen führte – gerade in dem heute so areligiösen Berlin. Propheten, Seher, Heiler, Weisheitslehrer, Gurus, spiritistische Medien aller Art betätigten sich auf diesem Markt. Heute kennt man davon nur noch Rudolf Steiner, der vor allem verunsicherte Bildungsbürger für sich einnahm. Der deutlich weniger gebildete Weißenberg gewann seine Anhänger aus einer sozialen Schicht tiefer, dem Kleinbürgertum. Die Zahlen gehen hier auseinander, aber es scheint, dass es gegen Ende der Weimarer Republik etwa hunderttausend Menschen waren.

Die extravagante Frömmigkeit von Weißenbergs Veranstaltungen führte dazu, dass die Kirchenleitung sich Sorgen machte. 1925 traten viele seiner Anhänger als Kandidaten zu den Wahlen der Gemeindekirchenräte in Wittenberg an. Nicht wenige konnten sich durchsetzen, aber sie wurden von der Kirchenleitung nicht anerkannt. Deshalb traten im Jahr darauf die Weißenberger zu Tausenden aus der evangelischen Kirche aus und in die von ihrem Meister neu gegründete Evangelisch-Johannische Kirche nach der Offenbarung St. Johannis ein.

So war aus einer kirchennahen Erweckungsbewegung eine eigene Kirche geworden. Ihr Bekenntnis lautet schlicht:

Ich glaube an Gott den Vater,
ich glaube an Gott den Sohn,
ich glaube an Gott den Heiligen Geist
und an Gottes Offenbarungen durch Mose,
Jesus und Joseph Weißenberg.

Eine Theologie hat diese Kirche nicht ausgebildet, von einigen
Sonderlehren wie dem Glauben an die Reinkarnation abgesehen.
Wichtiger schienen ihr die Verehrung ihres Messias, die Praxis
des «sakramentalen Heilens», spiritistische Erfahrungen und das
Gemeinschaftsleben zu sein. Für Außenstehende muss vieles befremdlich oder gar lächerlich wirken, doch sollte man respektie-
ren, wie ernst die Mitglieder der Johannischen Kirche das Lie-
besgebot nehmen: «Mein Werk ist umsonst, wenn die Liebe nicht
größer wird.»

Das weitere Ergehen dieser Kirche spiegelte im Kleinen die
Wechselfälle der deutschen Geschichte wider. Dies zeigt sich am
Schicksal ihres bedeutsamsten Ortes. Von meinem Kollegen, aus
dessen Aufsatz ich so viel gelernt hatte, erfuhr ich, viel seltsamer
als das St.-Michaels-Heim sei die Friedensstadt. Wie viele Lebens-
und Erlösungsbewegungen nach dem Ersten Weltkrieg wollten
auch die Weißenberger sich eine eigene Heimstatt errichten. So
erwarb Weißenberg bei Trebbin, 30 Kilometer südlich von Berlin, brachliegendes Land, um dort eine Mustersiedlung für etwa
sechshundert Menschen zu gründen, mit Wohnhäusern, einer
großen Versammlungshalle, einer Kirche, einer Schule und
einem Altenheim. Schon 1920 konnte der Grundstein gelegt
werden. Die Friedensstadt blühte auf, bis die NS-Diktatur ihr ein
Ende bereitete. Zwar hatte der deutschnational gesinnte, aber
politisch unbedarfte Weißenberg den Nationalsozialismus 1933
zunächst begrüßt, aber die antisemitische Diffamierung des
Alten Testaments konnte er nicht gutheißen. Auch musste sein

eigener Absolutheitsanspruch mit dem des «Führers» in Widerspruch geraten. Weißenberg schrieb mehrere Briefe an Adolf Hitler, von gleich zu gleich, erhielt aber keine Antwort. Stattdessen wurde seine Kirche 1935 verboten, ihr Vermögen eingezogen und die Siedlung aufgelöst. Seine Lebenspartnerin Grete Müller – von der ersten Frau, die seine Bekehrung nicht mitvollziehen wollte, hatte er sich getrennt, aber nicht scheiden lassen – und ihre beiden unehelichen Töchter wurden verhaftet. Weißenberg selbst wurde wegen vermeintlicher Sittlichkeitsverbrechen sowie staatsfeindlicher Tätigkeit 1935 zu zweieinhalb Jahren Zuchthaus verurteilt. Anschließend wurde er 1938 in eine psychiatrische Anstalt zwangseingewiesen und danach nach Schlesien verbannt. Dort starb er, abgeschnitten von den Gläubigen, doch begleitet von seiner Tochter Frieda, 1941 im Alter von fünfundachtzig Jahren. Immerhin konnte er in seiner Friedensstadt beigesetzt werden. Doch diese hatte ihren Namen längst nicht mehr verdient. Truppen der Waffen-SS hatten sich hier einen Übungsplatz eingerichtet und die bisherigen Bewohner vertrieben. 1942 wurde hier sogar ein Außenkommando des Konzentrationslagers Sachsenhausen aufgebaut.

Nach dem Ende des Zweiten Weltkriegs übernahmen sowjetische Truppen den Ort und betrieben hier von 1945 bis 1994 eine Garnison. Die deutsche Teilung traf die kleine, verstreute Gemeinschaft hart. Nach der Wiedervereinigung wurde die schwer beschädigte Siedlung 1994 der Johannischen Kirche zurückgegeben. Seither bemüht sie sich um den Wiederaufbau. Aber sie ist viel kleiner als zu Weißenbergs Zeiten. Heute sollen ihr in ganz Deutschland etwa zweitausenddreihundert Menschen angehören – das ist die Größe einer durchschnittlichen evangelischen Kirchengemeinde.

Sehr lange wurde die Johannische Kirche übrigens von einer Frauendynastie geleitet. Weißenberg hatte 1932 seine Tochter

Frieda Müller zur Nachfolgerin berufen. Dieses Amt trat sie nach seinem Tod an. Sie wiederum bestimmte 1961 ihre Tochter Josephine Müller als Nachfolgerin. Von 2001 bis 2019 führte sie die Kirche. Nach ihrem Tod hat nun ein Mann die Leitung übernommen.

Früher nannte man Gemeinschaften wie die von Joseph Weißenberg abwertend «Sekte» und meint damit eine Gemeinschaft, die sich nach außen abschottet und nach innen mit Zwang regiert. Mein kundiger Kollege erzählte mir, solche Lieblosigkeiten habe er bei den Weißenbergern nicht erlebt. Freundlich, interessiert, ehrlich und offen seien sie ihm begegnet. Ihr soziales Engagement sei beeindruckend. Und wo gebe es eine «Sekte», bei der man eine solche Gastfreundlichkeit erfahren kann wie im St.-Michaels-Heim und die an ihrem wichtigsten Ort, der Friedensstadt, einen schönen Biergarten betreibt?

Umarmungen in der Münchner Zenith-Halle

48° 11′ 41″ nördlicher Breite; 11° 36′ 28″ östlicher Länge

Die Münchner Zenith-Halle, eine Werkshalle auf dem Gelände des ehemaligen Eisenbahn-Ausbesserungswerks Freimann, ist ein geräumiger Profanbau, der sich gut für Konzerte oder Messen nutzen lässt. Doch sie hat keine besondere Aura, nichts Erhabenes oder gar Sakrales – es sei denn, jemand käme und verwandelte sie in einen außeralltäglichen Ort. Einer Person immerhin ist dies gelungen. Eine kleine, ältere, runde Inderin hat bei ihrem Besuch in München das Zenith – wie schon viele andere Messe- und Kongresshallen auf der ganze Welt vor- und nachher – in eine ganz andere Dimension gestellt, und dies nicht nur einmal.

Räume der Berührung

175

Sie trägt den Namen Mata Amritanandamayi, übersetzt: «Mutter der unsterblichen Glückseligkeit». Viele ihrer Anhänger nennen sie einfach «Amma» oder «Ammachi» («Mama»), was für Europäer leichter auszusprechen ist. Als sie nach München kam, machten sich an die dreitausend Menschen auf den Weg. Jeder von ihnen zog nach Betreten der Zenith-Halle einen Zettel mit einer Nummer, setzte sich auf einen der vielen Stühle in dem hohen, weiten, nackten Raum, wartete, rückte Stuhl für Stuhl vor, wartete weiter, schweigend. Indische Meditationsmusik wehte währenddessen durch die Halle. Wer nach vielen Stunden den vordersten Stuhl erreicht hatte, bewegte sich anschließend auf Knien weiter nach vorne zu einer Art Thron, auf dem Amma saß – in einem weißen Sari, mit einer bunten Girlande um den Hals und einem Farbkreis auf der Stirn, umgeben von Bodyguards und Assistenten. Eine Freundin meines Bruders, die dabei war, berichtete mir von den intensiven indischen Düften, die die Umarmerin und sie einhüllten. Stark wirkte auf sie auch die ununterbrochene laute Meditationsmusik. Dann stellte Amma ihr mit Hilfe eines Übersetzers ein paar Fragen: Wer sie sei, was sie mache, wie es ihr gehe? Die vielen starken Stofflagen, die Amma vielleicht schützen sollten, fielen ihr auf. Dann schlossen sich die Arme um sie, und sie hörte, wie Amma ihr etwas ins Ohr flüsterte, das der Übersetzer mit «Liebe, Liebe, Liebe, Liebe, Liebe, Liebe» wiedergab. Ein schönes Erlebnis war dies für sie. Anschließend genoss sie mit Freunden, die sie begleitet hatten, ein köstliches vegetarisches Essen in der Halle. Dann kehrte sie in ihr alltägliches Leben zurück.

Für diesen Moment einer einzigen, innigen Umarmung waren all diese Menschen gekommen, hatten Stunde um Stunde gewartet, denn das Warten ist Teil des Rituals, Voraussetzung der Glückseligkeit. An diesem Tag umarmte Amma wie stets alle, die zu ihr gekommen waren. Keinen Einzigen ließ sie aus. Sie lachte viel dabei und wirkte gelöst. Die Menschen, die sich von ihr herzen ließen, sahen sehr unterschiedlich aus. Es waren nicht nur die typischen esoterischen Sinnsucher, die man schon von weitem an der Kleidung erkennen kann. Es kamen Junge und Alte, nicht nur Frauen, auch viele Männer, Geschäftsleute, modische Großstädter, Menschen mit unterschiedlichen Hautfarben und sicherlich auch verschiedenen religiösen Prägungen. Was empfanden sie bei dieser Umarmung? Eine sagte: «In ihrer Gegenwart bin ich glücklich. Alles ist so, wie es sein sollte.» Ein anderer: «Es lässt sich nicht beschreiben. In meinen Augen ist Amma vollkommen. Sie ist erleuchtet und von unendlichem Mitleid. Was soll ich sagen? Ich bin wunschlos glücklich.» Einige lächelten, andere weinten, wieder andere schwiegen. Sie alle hatten auf ihre Weise einen *darshan* erlebt, eine Art Offenbarung. Für sie alle war die schnöde Zenith-Halle an diesem Tag ein heiliger Ort geworden.

Über 30 Millionen Menschen soll Amma schon in ihrer Heimat, aber auch in New York, Sydney, Zürich oder eben München umarmt haben. Swami Ramakrishna, einer ihrer Begleiter, erklärt dazu: «Auch bei unseren Veranstaltungen in Indien handelt es sich um Massenevents. Manchmal haben wir 200 000 bis 300 000 Leute vor Ort. Und Amma umarmt all diese Menschen, sagt ihnen einen Satz oder einen Namen ins Ohr und hört erst auf, wenn alle an der Reihe gewesen sind. Einmal war ich zugegen, als sie achtundzwanzig Stunden lang ohne jedwede Pause ihre Umarmungen verteilt hat. Als wir darüber sprachen, sagte sie nur: ‹Ich wünsche mir nichts, als den Menschen bis zu meinem letzten Atemzug Umarmungen schenken und Trost spenden zu können.›»

Amma kommt aus einer Welt, die vielen der von ihr umarmten Europäer oder Nordamerikaner fremd sein muss. Geboren wurde sie am 27. September 1953 in Südindien, ihr bürgerlicher

Name lautet Sudhamani Idamannel. Ihr Vater war Fischer, die vielköpfige Familie gehört einer niederen Kaste an. Nur wenige Jahre konnte Sudhamani zur Schule gehen, danach musste sie in verschiedenen Haushalten Dienst tun. Die Arbeit war hart und oft auch demütigend. Aber bei ihren Eltern hatte sie eine innige Krishna-Frömmigkeit kennengelernt, die sie auf ihre ganz eigene Weise steigern und zu ungeahnten Höhen führen sollte. Als junge Frau durchlebte sie *bhavas*, Momente der Versenkung und Verzückung, die auf Außenstehende wie krankhafte Ekstasen wirken konnten. Doch sie erfuhr dabei die Vereinigung mit Krishna und wurde selbst zu einer Erscheinungsweise dieses Gottes. Weitere *bhavas* schenkten ihr die intime Verbindung mit Devi, einer in Südindien sehr verehrten Muttergottheit. Sudhamani hatte sich so selbst in eine Göttin verwandelt. Anhänger sammelten sich um sie. Sie nahm einen neuen, spirituellen Namen an und gründete ein Kloster.

Es klingt wie ein hinduistisches Aschenputtel-Märchen: Aus einem armen, verachteten Mädchen aus der Provinz wurde ein strahlender weiblicher Guru. Obwohl sie aus einer unteren Kaste stammte, keine reguläre Bildung genossen hatte, auch in keine religiöse Schultradition eingebunden war, überhaupt nur eine unverheiratete Frau war, gewann sie in ihrer Heimat und weltweit mehr Anhänger als die meisten der so viel besser gestellten männlichen Gurus Indiens zusammen. Vielleicht vermittelt sie deshalb einen so ungewöhnlich warmherzigen Eindruck. Dieser findet seinen praktischen Ausdruck in einer erstaunlichen Sozialarbeit, wie sie kaum ein anderer religiöser Führer in Indien leistet. Gutes zu tun ist ihr wichtiger als etwa das Studium der heiligen Schriften. Ammas Mission ließ Häuser für Arme, Schulen, Krankenhäuser bauen und eine Universität gründen. Möglich ist dies durch großzügige Spenden und viele ehrenamtliche Helfer. Für ihre nichtindischen Verehrer zeigt sich ihre Liebe vor allem in dem so einfachen und universalen Akt des Umarmens. Doch er ist keineswegs typisch indisch. Im Gegenteil, für gewöhnlich gelten Gurus als höchste Respektspersonen, zu denen man Abstand wahrt. Zudem ist es in Indien immer noch unüblich, wenn nicht gar verpönt, einander in der Öffentlichkeit zu berühren. Vor allem Männer und Frauen, selbst Ehepaare, würden dies nicht tun. So hat nicht nur Ammas Sozialarbeit, sondern auch ihre bekannteste spirituelle Übung etwas Exzentrisches, Widerständiges, Utopisches.

Trotz ihres globalen Erfolgs bleibt Amma fest in hinduistischen Vorstellungen verwurzelt. Das Leben ist für sie ein Kreislauf von Wiedergeburten, ein unendlicher Zyklus des Leidens. Erlösung bedeutet deshalb, dem schmerzlichen Immergleich des Lebens zu entkommen, den eigenen Willen, die eigenen Begierden, das individuelle Ich loszulassen und dem Göttlichen gleich zu werden. Ammas religiöser Weg ist der einer asketischen, klösterlichen Mystik. Dazu gehören neben dem meditativen Singen und der spirituellen Versenkung auch der Verzicht auf körperliche Genüsse wie Alkohol oder Liebe, ein Leben in Armut und – was vielleicht das Schwerste ist – Gehorsam. Denn es gilt, den Eigenwillen aufzuheben. Da der weibliche Guru als eine Gottheit angesehen wird, ist der Anhänger ihm absoluten Gehorsam schuldig: «Wer Glauben hat, stellt seinem Guru niemals eine einzige Frage. Was immer der Guru sagt, er gehorcht.» Für herkunftstreue Inder mag dies selbstverständlich sein – ebenso wie es traditionellerweise für christliche Nonnen und Mönche bestimmend war –, aber die meisten Europäer oder Amerikaner, die sich von Amma umarmen lassen, dürfte das Gehorsamsgebot hart ankommen, ebenso die Vorwürfe, die 2013 von einer ehemaligen Anhängerin öffentlich geäußert wurden: Das Finanzgebaren von Ammas religiösem Betrieb sei intransparent, ja korrupt, zudem komme es in ihrem Aschram regelmäßig zu gewalttätigen und sexuellen Übergriffen. Dies wurde heftig abgestritten. Von Europa aus sind diese Vorwürfe schwer zu beurteilen. Allerdings muss man bei autoritären Systemen mit einer absolut herrschenden Führungsfigur immer damit rechnen, dass die uneingeschränkte Macht missbraucht wird. Unterstützt wird diese Macht in Indien von hindu-nationalistischen Regierungsvertretern, die bereit sind, kritische Stimmen zu verbieten, und die umgekehrt ihre eigene Macht mit Hilfe populärer hinduistischer Gurus festigen wollen. So sind Amma und der fundamentalistische Hindu-Nationalismus des Premierministers Narenda Modi fest verbündet.

Von alledem werden die meisten der Umarmten in der Münchner Zenith-Halle nichts mitbekommen haben. Ihnen geht es um die außergewöhnliche persönliche Erfahrung, von einem weiblichen Guru einige Sekunden lang im Arm gehalten zu werden und ihre einzigartige Präsenz ganz intensiv, seelisch und körperlich, zu erfahren. Dazu müssen sie die ihnen eigentlich fremde Religion, Lebensform und politische Einstellung Ammas nicht unbedingt kennen, schon gar nicht teilen. Es genügt ihnen, sich von ihr berühren zu lassen.

16. Spielplätze, nicht nur
für Kinder

Spielplätze, nicht nur für Kinder

Ein Puppenschrank für Jesus:
Miranda do Douro, Portugal

41° 29′ 36″ nördlicher Breite; 6° 16′ 26″ westlicher Länge

Der Messe in der freundlichen alten Kathedrale von Miranda do
Douro konnte man als Ausländer mit einer gewissen Gottes-
diensterfahrung gut folgen. Der Priester sprach ein gebildetes
Portugiesisch und nicht die Regionalsprache Mirandes, so dass
sich einige Sinnbrocken auffangen ließen. Nur dass die Gemeinde gar nicht sang, verwunderte etwas. Überraschend war,
dass man, obwohl erkennbar fremd hier, vor dem Abendmahl
von den Banknachbarn geküsst wurde. Vollends befremdlich erschien uns aber eine seltsame Figur an der rechten Außenwand
der Kathedrale. Sie wirkte nicht düster, schmerzverzerrt und
bedrohlich wie sonst manche alte Skulptur in portugiesischen
Kirchen. Eher schien es sich um eine Puppe zu handeln, eine Art
Spielzeug in grellfarbener Kleidung und hell beleuchtet. Wen
stellte sie dar?

Die Puppe steht in einer schrankgroßen Vitrine mit barock
verschnörkeltem Rahmen. Hinter der Glasscheibe befindet sich
eine vielleicht unterarmgroße Figur. Sie hat ein puppenhaftes,
glänzendes Keramikgesicht mit auffällig rot geschminkten Wan-
gen. Auf dem Kopf trägt sie einen schwarzen Zylinder. Die rechte
Hand ist wie zum Segensgruß ausgestreckt, die linke hält eine
blaue Kugel. Bekleidet ist sie – nein, er, denn es handelt sich um
ein kleines Männlein – mit einem kostbaren leuchtend grünen
Anzug mit goldenen Aufsätzen. Darüber trägt er eine rote Schärpe,
über dem Herzen eine Brosche oder einen Orden und am Hals
eine weiße Fliege, an der Seite, fast hätten wir es übersehen, einen
Degen. Hinter und über dem seltsamen Männlein hängen noch

viel mehr aufwendige Kostüme in allen Farben, mit viel Gold, auch Uniformen wie für Soldaten oder Polizisten. Alles zusammen wirkt wie ein überdimensionierter Puppenkleiderschrank.

Das Männlein trägt den Namen «Menino Jesus da Cartolinha», also «Kleiner Jesusknabe mit dem Zylinder». Diese einzigartige Jesusfigur, zu der es in der ganzen weiten, bunten katholischen Bilderwelt keine Parallele geben dürfte, ist mit zwei Legenden verbunden. Als die Portugiesen, so die eine Erzählung, sich wieder einmal gegen die übermächtigen spanischen Nachbarn behaupten mussten – es war im Restaurationskrieg, in dem die Portugiesen von 1640 bis 1668 um ihre Unabhängigkeit kämpften –, wurde die kleine, strategisch wichtige Grenzstadt Miranda do Douro von den Feinden belagert. Ausgezehrt von Hunger und Durst, erlahmten die Kräfte der Verteidiger, die Feinde nutzten dies aus, überwanden die Mauern und fielen in die Stadt ein. Die Eroberung stand unmittelbar bevor – da erschien plötzlich ein kleiner Junge. Laut schreiend lief er durch die Straßen und rief die Bevölkerung zum Widerstand auf. Allen schenkte er neuen, frischen Kampfesmut, so dass die Mirandesen ihre Feinde in die Flucht schlagen konnten. Dann war der Knabe verschwunden. Ein Wunder war geschehen.

In dieser Schlacht, so erzählt die zweite Legende, fiel ein junger Adliger der Stadt. Seine Verlobte war untröstlich. Um ihren Schmerz zu lindern, stiftete sie der Kirche eine Jesusfigur, die so angezogen war, wie ihr Bräutigam bei der Eheschließung gekleidet gewesen wäre.

Beide Legenden können den seltsamen Widerspruch zwischen der Puppenhaftigkeit der Figur und dem kriegerischen Zusammenhang ihrer Entstehung nicht auflösen. Hätten sich die kämpfenden Mirandesen nicht eher einen starken Helden, einen heiligen Riesen wie St. Georg, den Drachentöter, als Helfer wünschen müssen als ausgerechnet ein aufgeputztes Knäblein? Oder sollte gerade die Kindlichkeit des Retters die Größe des Wunders herausstellen? Falls die Legende von dem Bräutigam zutrifft, warum wird er dann als Kind vor der Pubertät dargestellt? Der Zylinder, der zu keiner der Legenden passt, könnte später hinzugekommen sein, als an der Wende vom 18. zum 19. Jahrhundert eine neue Klasse das gesellschaftliche Leben bestimmte: das Zylinder tragende, kapitalistische Großbürgertum. Rätselhaft bleibt schließlich die blaue Kugel in der linken Hand der Figur.

Bis heute wird der Knabe mit dem Zylinder von den Mirandesen sehr geliebt. Wenn ihnen die Worte fehlen, rufen sie aus: «Ai, meu Menino!» – «Ach, mein kleiner Junge!» Über die Jahre hinweg haben sie ihm viele schöne Kleider gestiftet. Im Verlauf des Kirchenjahres ziehen sie ihn regelmäßig um: violett im Advent, weiß zu Weihnachten, Epiphanias und Ostern, rot zu Pfingsten, grün zu Trinitatis. Im Winter bekommt er einen traditionellen dunklen Mantel umgelegt. Denn dann wird er bei einer feierlichen Prozession durch die kalten Straßen getragen. Nirgendwo sonst wird «Menino Jesus da Cartolinha» verehrt. Die Mirandesen müssen ihn mit niemandem teilen.

Krapfen für die Krippe: Obere Pfarre, Bamberg

49° 53′ 21″ nördlicher Breite; 10° 53′ 3″ östlicher Länge

Die Obere Pfarre Bamberg, auf einer Anhöhe gelegen, ist ein erhabener gotischer Bau aus dem 14. Jahrhundert, der einige Kirchenkunstschätze beherbergt. Doch bemerkenswert wird dieser Ort durch die Krippe, die hier vom Ersten Advent bis zum

Beginn der vorösterlichen Fastenzeit aufgestellt ist. Für den britischen Kunsthistoriker Neil MacGregor ist sie «ohne Frage» die schönste und bedeutsamste Krippe überhaupt.

Ursprünglich konzentrierte sie sich auf die drei zentralen Stationen der Weihnachtsgeschichte: Geburt Jesu, Hirten und Engel auf dem Feld, Besuch der Heiligen Drei Könige. Wichtige Figuren stammen noch aus dem 18. Jahrhundert. Sie haben das fatalste Ereignis in der Historie der Weihnachtskrippen überlebt: Am 4. November 1803 wurde für Bamberg ein «Krippenverbot» erlassen. In vielen katholischen Gebieten Süddeutschlands und Österreichs versuchten die Obrigkeiten zur Wende vom 18. zum 19. Jahrhundert eine religiöse Aufklärung durchzusetzen. Zu den Zwangsmaßnahmen gehörte es, die Krippen aus den Kirchen zu verbannen, weil sich ein vernünftiges Christentum nicht mit solch einer Manifestation kindlicher Volksfrömmigkeit vertrage. Doch zum Glück für die Obere Pfarre entledigte sich der damalige Pfarrer anders als seine Kollegen ringsum nicht seiner in Ungnade gefallenen Figuren. Er lagerte Maria, Josef, das Jesuskind, die Hirten und all die anderen ein und bewahrte sie lange im Verborgenen. Als sich zwei Jahrzehnte später, 1825, die Vernunft durchsetzte und das Krippenverbot endlich aufgehoben wurde, konnten sie wieder hervorgeholt und zu Weihnachten aufgestellt werden. Nun hatte die Obere Pfarrer im Gegensatz zu vielen anderen Kirchen wieder den geliebten Festschmuck.

Übrigens, eine ungewollte Nebenwirkung des Krippenverbots bestand darin, dass die Menschen nun begannen, Krippen in ihre Wohnhäuser zu holen. Nicht wenige Pfarreien hatten ihre Krippen an Privatleute verkauft, die sie dann bei sich in der guten Stube aufstellten. Das konnte ja niemand verbieten. Die «Verhäuslichung» der ursprünglich kirchlichen Weihnachtskrippen geht also auf einen vergeblichen Versuch aufgenötigter Aufklärung zurück.

Spielplätze, nicht nur für Kinder

In der Oberen Pfarre kamen etwa dreißig Jahre später weitere wertvolle Figuren hinzu, als Mitte des 19. Jahrhunderts ein nahe gelegenes Franziskanerkloster aufgelöst und dessen Krippe der Nachbarkirche geschenkt wurde.

Heute zeigt die Krippe auf 33 Quadratmetern, die das linke Seitenschiff ausfüllen, ein breites Panorama von Jesus-Geschichten: Der Engel Gabriel besucht Maria und kündigt ihr an, dass sie schwanger wird – gemeinsam mit Josef sucht sie in Bethlehem nach einer Herberge – in einem Stall bringt sie ihren Sohn zur Welt und legt ihn in eine Futterkrippe – die frohe Botschaft wird den Hirten kundgetan – drei Könige aus dem Morgenland kommen, um dem Neugeborenen zu huldigen – die heilige Familie flieht nach Ägypten – das Kind wird im Tempel beschnitten – als zwölfjähriger Junge lehrt Jesus im Tempel – auf einer Hochzeit in Kana vollbringt Jesus sein erstes Zeichen, indem er Wasser in Wein verwandelt – das Gleichnis Jesu von den klugen und törichten Jungfrauen wird dargestellt.

Das ergibt einen weiten und bunten Reigen an Szenen, der hineingesetzt ist in eine alte Bamberger Stadtlandschaft. Die fein gemalten Hintergründe, die aufwendig gestalteten Häuser, Hütten, Straßen und Landschaften davor führen in eine Zeit, in der die moderne Technik noch nicht Einzug gehalten hat. Doch kann man in der nur auf den ersten Blick altertümlichen Krippenarchitektur Teile des heutigen Bamberg wiedererkennen. Denn diese Stadt hatte das Glück, von den Zerstörungen des Zweiten Weltkriegs und der modernen Stadtplanung weitgehend verschont geblieben zu sein. So betrachtet man, wenn man diese Krippe anschaut, keine fremde Märchenwelt, sondern blickt wie in einen fernen Spiegel. Das gilt auch für das liebevoll restaurierte und ausstaffierte Personal. Natürlich sind es historische Figuren, aber auch sie vermitteln ein Gefühl dafür, dass die Weihnachtsgeschichte untrennbar zu dieser Stadt und ihren Menschen gehört. So entstammen einige der Gestalten der Bamberger Geschichte, zum Beispiel die beiden legendären Stadtoriginale Vizeknorz und Kreenhannes, ein Meerrettichhändler.

Die Verbindung von «damals in Bethlehem» und «bei uns in Bamberg» wird sinnlich greifbar in der lustvollsten Szene dieser Krippe. Für die Hochzeit zu Kana liefern örtliche Bäcker und Metzger Bamberger Spezialitäten im Miniaturformat: fränkische Krapfen, Gugelhupf, Hefeteigblechkuchen, Brote, Brötchen, Hörnchen, Würstchen, eine richtige Hochzeitstorte. Diese Weihnachtskrippe sieht also nicht nur nach Bamberg aus, sie duftet auch so. Nach dem Abbau dieser Szene verzehren die «Krippenarbeiter» all diese Köstlichkeiten gemeinsam und werden so selbst zu mitfeiernden Hochzeitsgästen. Damit erfüllt sich der eigentliche Sinn dieser Krippe: Sie will die biblische Erzählung plastisch vor Augen stellen, um ein Bewusstsein dafür zu schaffen, dass die Anfangsgeschichte des christlichen Glaubens mitten in die eigene Welt gehört – Bethlehem ist dort, wo wir leben. Diese Botschaft, in der Neil MacGregor die eigentliche Qualität dieser Krippe erkennt, wird mit großer Klarheit, aber auch mit kindlicher Freude verkündet. Sie entfaltet sich als frommes und fröhliches Spiel. Dazu gehört, dass seit gut vierzig Jahren eine kleine graue Katze aus Pappmaché jedes Mal an einer anderen Stelle platziert wird. Wer findet sie wohl als Erster?

Es mag auf den ersten Blick seltsam erscheinen, dass der besondere religiöse Sinn dieser Krippe gar nicht so traditionell ist, wie man meinen möchte, sondern sich einer modernen Innovation verdankt. Bis weit ins 20. Jahrhundert nämlich beschränkte man sich darauf, die Figuren zu wenigen Hauptszenen und ohne größeren Aufwand aufzustellen. Dann kam 1963 ein neuer Messner an die Obere Pfarre. Michael Kager hatte als Bühnenbildner gearbeitet und verstand es, die konventionelle Krippe in ein großes, dramatisches Theater zu verwandeln, das sein Publikum direkt ansprach. Erst er schuf die zahlreichen Bezüge zur Architektur und die vielfältigen Anspielungen auf die Lebenswelt dieser Stadt.

Heute sorgt ein Team von acht Freiwilligen für die Krippe, was harte Arbeit bedeutet. Manche der Häuser sind zwei Meter hoch, der Tempel sogar sieben Meter lang. Es kostet Schweiß, die etwa hundertsiebzig Figuren aus einem Turmraum herunterzutragen. Regelmäßig müssen sie restauriert und ihre Gewänder ausgebessert werden. Die Aufstellung folgt keinem festen Plan. von Woche zu Woche überlegt das Team von neuem gemeinsam, wie die nächste Szene hinzugefügt werden soll, denn diese Krippe soll keine Geschichtsstunde sein oder gar eine Puppenstube, sondern die alte Erzählung in die Gegenwart ziehen und zur ureigensten Sache der Bamberger machen. Die Krippe der Oberen Pfarre bringt damit bis heute vier zentrale Aspekte des Christentums zum Ausdruck – das Kindliche, Familiäre, Kirchliche und Gesellschaftliche – und berührt auf diese Weise bis heute die Bamberger und viele Besucher.

17. Orte für Menschen und Tiere

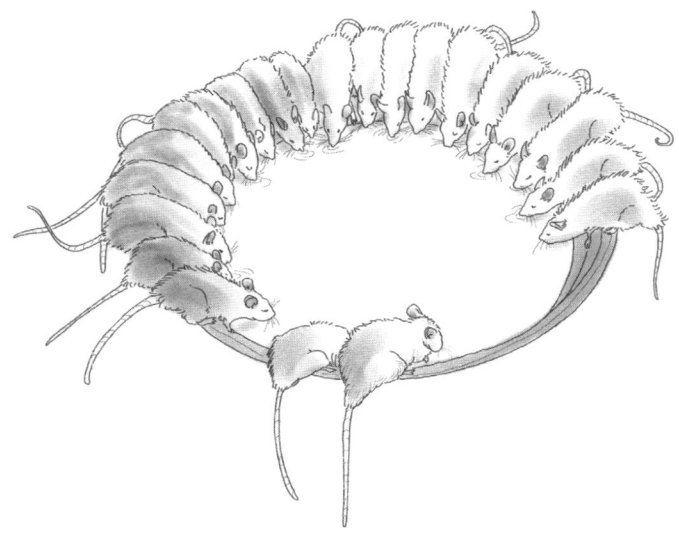

Um Hunde und Katzen trauern: Tierfriedhof Jenfeld, Hamburg

53° 34′ 14″ nördlicher Breite; 10° 8′ 50″ östlicher Länge

Jenfeld ist ein Stadtteil, von dem wohlhabende Hamburger sagen würden: «Da waren wir noch nie, da kommt man ja gar nicht hin.» Es ist ein ärmeres Quartier im Südosten, das denen, die westlich der Alster wohnen, wenig zu bieten scheint. Und doch hat Jenfeld seit nun schon zwanzig Jahren einen außergewöhnlichen Ort, nämlich den einzigen Tierfriedhof der Hansestadt. An einer Durchgangsstraße gelegen, gleich hinter einem Baumarkt geht es links hinein in eine kleine, überraschend stille und gut gepflegte Parkanlage. An einem Holzhäuschen vorbei, das als Büro, aber auch als Abschiedsraum dient, führen die Wege zu Gräbern von Katzen und Hunden.

Die meisten sind gestaltet wie Kindergräber: mit farbenfrohen Windrädern, Puppen, Schmetterlingen und Engelchen aus Ton, Spielzeug, Herzen, bunten Blumensträußen, vielen Kerzen. Auf Kissensteinen, Skulpturen, metallenen Plaketten und Kreuzen sind Namen wie Elliott, Plüschpüppi, Maiki, Orpheus oder Shadow zu lesen. An jede der hier bestatteten Katzen und Hunde wird individuell gedacht: mit ihrem Namen und einem Bild, als Foto oder Gravur. Aufschriften künden von innigen Beziehungen und tiefer Dankbarkeit: «Jeder Tag mit dir war ein Geschenk.» Liebe wird bezeugt und Treue über den Tod hinaus gelobt: «Du wirst immer in Papas und Mamas Herzen bleiben.» Die Gräber sind zumeist gut gepflegt, von Gärtnern, aber auch von ehemaligen Tierhaltern, die regelmäßig zu Besuch kommen. Einige schmücken die Gräber der Jahreszeit entsprechend: So sieht man in der Vorweihnachtszeit viele Adventskränze und sogar kleine Weihnachtsbäume. Artgerecht allerdings ist das Grab von Simba: Vor dem Stein stehen frisch gefüllt ein Futter- und ein Wassernapf.

Das Hauptmotiv, ein totes Haustier auf diese Weise beizusetzen, dürfte für die Besitzer darin bestehen, dass sie die sonst übliche Entsorgung, der die allermeisten der 34 Millionen Haustiere in Deutschland am Ende zugeführt werden, als unwürdig und pietätlos empfinden. Sie möchten ihre vierbeinigen Lebensgefährten nicht einfach wegwerfen. Ganz neuartig ist das nicht, schon der preußische König Friedrich II. ließ seine Lieblingshunde anständig beerdigen. Doch anders als in Sanssouci sind in Jenfeld viele Tiergräber mit religiösen Symbolen und Botschaften versehen. Vergleichsweise traditionell wirken die ewigen Lichter und Engelsfiguren oder Sinnsprüche wie «Was wir lieben, tragen wir für immer in unseren Herzen!» oder «Engel begleiten deinen Weg!» oder «Du hast einen Platz im Himmel gefunden, wo es dir besser gehen wird als hier … Ganz viele Engel werden jetzt auf dich aufpassen. Lebe wohl und Ruhe in Frieden!» Ähnliches kann man in Deutschland auf Menschengräbern lesen.

Doch die Ewigkeitshoffnung hat sich verändert, sie ist nicht mehr ausschließlich auf einen unsichtbaren Gott und ein Jenseits hinter dieser Welt gerichtet. Sie orientiert sich auch an einem – wie soll man sagen? – säkularen und zugleich religiösen Bild: dem Stern am nächtlichen Himmel. Der Tote ist wie ein Stern, unerreichbar fern, aber man kann ihn sehen, seine Strahlen leuchten denen, die zu ihm aufschauen. Dieser neuartige Sternenglaube, in dem sich christliche Hoffnung und ein astronomischer Sinn für das Erhabene verbinden, findet sich auch auf den Jenfelder Tiergräbern:

Der Wind erzählt es Dir ganz leise,
meine Erinnerungen an Dich begleiten Dich auf Deiner
letzten Reise.
Du bist mir so nah und so fern,
leuchtest jetzt am Himmel für mich als schönster Stern.

Dies muss nicht als Abschied von traditioneller Frömmigkeit verstanden werden. Gleich neben solchen Aufschriften entdeckt man Dürers betende Hände und bei einem Grab sogar einen kleinen aufgeschlagenen Koran aus Ton.

Das eigentliche, besondere Evangelium für diesen Ort jedoch findet man auf einer Erinnerungswand vor dem Feld mit anonymen Gräbern, die es hier natürlich auch gibt. Dort ist ein Text mit dem Titel «Die Regenbogenbrücke» angeschlagen, der sich auch in Tiertrauerforen im Internet großer Beliebtheit erfreut. Es ist nicht ganz klar, wer ihn verfasst hat. Häufig wird ein gewisser Paul C. Dahm, Trauerbegleiter aus Ohio, genannt. Geschrieben wurde er irgendwann in den 1980er oder 90er Jahren.

An einer Stelle der Ewigkeit gibt es einen Platz, der den Himmel und die Erde verbindet und den man die Regenbogenbrücke nennt. Auf dieser Seite der Brücke liegt ein Land mit Wiesen, Hügeln und saftigem grünen Gras. Wenn ein geliebtes Tier auf der Erde für immer eingeschlafen ist, geht es zu diesem wunderschönen Ort. Es gibt eine Menge Futter und Wasser und Sonnenschein. Alle Tiere, die einmal krank waren, sind wieder gesund und stark. Die Tiere sind glücklich und haben alles. Es gibt nur etwas, das ihnen fehlt: Sie sind nicht mit ihren Menschen zusammen, die sie auf der Erde so geliebt und die sie zurückgelassen haben. So rennen und spielen sie jeden Tag zusammen, aber der Tag kommt, an dem eines sein Spiel plötzlich unterbricht, innehält und in die Ferne schaut. Plötzlich rennt es aus der Gruppe heraus. Die Füße tragen es schneller und schneller. Es hat DICH gesehen. Noch bist Du wie ein Punkt in der Unendlichkeit, doch wenn Du und Dein Freund sich dann endlich treffen, gibt es nur noch Wiedersehensfreude, die nicht enden will. Du nimmst ihn in Deine Arme und hältst ihn fest. Die glücklichen Küsse regnen über Dein Gesicht, Deine Hände streicheln wieder über den geliebten Kopf, und Du schaust endlich wieder in die treuen Augen Deines geliebten Tieres, das so lange aus Deinem Leben verschwunden war, aber nie aus Deinem Herzen. Dann geht Ihr zusammen über die Regenbogenbrücke, und Ihr werdet nie wieder getrennt sein ...

Die «Regenbogenbrücke» versucht eine Antwort auf die bekannte Kinderfrage zu geben, ob denn auch Tiere in den Himmel kommen. Die christliche Tradition hat dazu wenig zu sagen, deshalb imaginiert dieser Erbauungstext eine Art Vorhimmel, ein paradiesisches Gegenbild zum katholischen Fegefeuer, in dem die verstorbenen Tiere auf ihre Besitzer warten, um dann gemeinsam mit ihnen in die Ewigkeit einzugehen. Dies scheint nicht wenige Trauernde zu trösten. So ziert denn auch ein Bild der Regenbogenbrücke die Mitte des kleinen Abschiedsraums von Jenfeld.

Übrigens, den wenigsten, die heute diesen Erbauungstext lesen oder dieses Trostbild betrachten, dürfte bewusst sein, dass es schon in der nordischen vorchristlichen Mythologie die Vorstellung einer Regenbogenbrücke zwischen Welt und Überwelt gegeben hat, wenn auch ohne Bezug auf Tiere.

Die Frage, welche religiöse Botschaft den Abschied von einem geliebten Tier erleichtern könnte, verbindet sich mit derjenigen, wie die Bestattung zu gestalten sei. Ein kirchliches Ritual wird nicht angeboten, um den Unterschied zwischen Tier und Mensch nicht zu verwischen. Das ist nachvollziehbar, da die Beisetzung eines Tieres nicht dessen eigenen Bedürfnissen entspricht. Soweit man das sagen kann, haben Tiere kein Bewusstsein ihrer Endlichkeit, das zum Wunsch einer Bestattung führen dürfte. Dass sie beerdigt werden und ein eigenes Grab erhalten, befriedigt ausschließlich die Bedürfnisse ihrer menschlichen Besitzer. Andererseits ist ein Trauergottesdienst nach evangelischem Verständnis – im Unterschied zum klassischen katholischen Requiem – nicht für die Toten, sondern für die Lebenden da. Sein Sinn besteht darin, die Hinterbliebenen zu trösten. Wenn Menschen also um einen Hund oder eine Katze aufrichtig trauern, sollte man dann als Pastor den Abschied nicht aus seelsorgerlichen Gründen begleiten? Solange es darauf noch keine kirchliche Antwort gibt, entscheiden es die Trauernden von Jenfeld – und den anderen Tierfriedhöfen in Deutschland – eben selbst. Sie setzen sich im Abschiedsraum noch einmal zur Urne ihres Tieres, teilen miteinander und mit der Friedhofsleiterin Erinnerungen, gehen dann zum Grab, sprechen ein Abschiedswort oder lesen Verse, einige musizieren sogar. Gebete oder ein Segen werden dagegen nicht gesprochen. Dann wird das Grab geschlossen.

Die heiligen Ratten von Deshnok, Indien

27° 47′ 25″ nördlicher Breite; 73° 20′ 19″ östlicher Länge

In der indischen Kleinstadt Deshnok in Rajasthan nahe der pakistanischen Grenze befindet sich der Karni-Mata-Tempel, besser bekannt als «Rattentempel». In ihm leben Tausende dieser Nagetiere, die von vielen Menschen weltweit verabscheut und gehasst, hier aber als Wiedergeburten menschlicher Seelen verehrt werden. Von weither kommen hinduistische Pilger, um ihnen Speisen und Getränke zu bringen. Seit etwa sechshundert Jahren gibt es diesen einzigartigen Tempel. Seine Geschichte geht zurück auf Karni Mata, eine Heilige aus dem 14./15. Jahrhundert, die als Erscheinung der großen, segensreichen und zerstörerischen «Allmutter»-Göttin Durga angesehen wird. Von Karni Mata wird erzählt, wie einmal ein soeben verstorbener Sohn der trauernden örtlichen Fürstenfamilie zu ihr gebracht wurde. Sie bat den Totengott Yama, die Seele des Knaben herauszugeben. Doch der entgegnete, dafür sei es schon zu spät – das Kind sei bereits wiedergeboren. Da habe Karni Mata geschworen, dass keine Angehörigen ihres Volkes nach ihrem Ableben je Yamas Reich betreten würden – sie würden sogleich als Ratten wiedergeboren, um nach ihrem Rattenleben als fahrende Sänger erneut auf die Welt zu kommen.

Wie immer diese Legende zu verstehen und Karni Mata im

hinduistischen Götterhimmel einzuordnen ist: Die Ratten von Deshnok werden von den Gläubigen nicht als Ungeziefer, sondern als Erscheinungsformen menschlicher Seelen betrachtet. Deshalb ist ihnen ein prächtiger Tempel gewidmet, der reich mit silbernen und goldenen Rattendarstellungen verziert ist und in dem eine kaum zu überschauende Masse von Ratten – Schätzungen gehen von 20 000 bis 30 000 aus – ein gutes und sicheres Leben führt. Natürlich ist es den Menschen untersagt, den Tieren Schaden zuzufügen. Wer eines von ihnen zufällig tötet, etwa indem er es tottritt, muss als Ersatz dem Tempel eine Rattenfigur aus Silber oder Gold stiften. Zudem ist der Hof des Tempels mit Netzen abgeschirmt, um Greifvögel abzuhalten.

Wer den Rattentempel betritt, muss seine Schuhe ausziehen. So ist es Sitte in hinduistischen Tempeln. Immerhin dürfen ausländische Besucher, die Ekel empfinden, ausnahmsweise ihre Strümpfe anbehalten. Das ist ein gewisser Schutz gegen den Rattenkot, der überall liegt. Zum Glück ist das Klima wüstenartig, so dass der Kot zumeist hart und trocken ist. Doch manchmal fällt Regen und verwandelt den Boden des Tempels in glitschigen Dreck. Dann müssen Besucher sich besonders vorsichtig durch die Anlage bewegen. Wer dabei die Ratten berührt, sollte dies als besonderes Glück betrachten. Hinduistische Pilger meditieren auf dem Boden sitzend inmitten dieser harmlos-friedlich um sie herumwuselnden Tiere. Manche bringen ihnen ihre Gaben dar und versuchen, eine der wenigen weißen Ratten anzulocken, die als Erscheinungsformen von Karni Mata selbst angesehen werden. Doch damit nicht genug, die Frommen teilen sich Speis und Trank mit den Ratten, trinken aus denselben Wasser- und Milchschalen wie diese, essen das Brot, von dem gerade erst Ratten etwas abgebissen haben.

Vor gut zwanzig Jahren hat Hans Scherer, ein großer Reisejournalist, den Rattentempel besucht und seine Eindrücke so festgehalten: «Überall Ratten, Hunderte, Tausende von graubraunen, nicht allzu großen, irgendwie verkümmert, verwachsen aussehenden Ratten. Auf den Altären, auf den Figuren, im Rankenwerk der Fenster, überall. Vor unseren Füßen hockte eine offensichtlich kranke, wohl sterbende Ratte, die während unseres kurzen Besuchs von mindestens drei kräftigen Ratten begattet wurde. Hinter dem Altar, wo sich das eigentliche Heiligtum befand, war der Boden schwarz bedeckt von wimmelnden Ratten. Dem frommen Hindu-Gläubigen neben mir, der die Reise nach Deshnok als Pilgerfahrt aufgenommen hatte, offenbarte sich das Göttliche in diesem animalischen Hexenkessel.»

Erst wenige Jahre ist es her, dass eine Freundin das heilige Rattenparadies besuchte. Lange habe sie mit Pilgern und Touristen angestanden, dann sei es durch enge Absperrungen hinein in den dunklen Tempel gegangen. Nur aus wenigen Fenstern und Ritzen schien das Tageslicht hinein. Anfangs sah sie fast nichts, roch dafür den bitter-scharfen Gestank von Ratten und Rattenkot, hörte die Kratzgeräusche des unendlichen Gewusels. Dann sah sie, nachdem sich ihre Augen an die Dunkelheit gewöhnt hatten, all die unzähligen Tiere zu ihren Füßen. Vergleichsweise klein erschienen ihr die Ratten, eher mausgroß. Schließlich fielen ihr tote Ratten am Boden auf, an denen lebende Artgenossen herumknabberten – dann eilte sie hinaus ins Freie.

Aber muss Ekel die einzige Reaktion bleiben? Man könnte den Karni-Mata-Tempel doch auch als ein überzeugendes Beispiel für eine religiöse Haltung sehen, die das Tier dem Menschen nicht bedingungslos unterordnet und ausliefert, sondern in ihm ein Jenseits erblickt, ihm deshalb eine eigene Würde zuspricht, die es unbedingt zu achten gilt.

Orte für Menschen und Tiere

Tieropfer in Bariyarpur, Nepal

26° 56′ 12″ nördlicher Breite; 85° 20′ 59″ östlicher Länge

Im Bariyarpur, im Süden Nepals an der Grenze zu Indien, kommen alle fünf Jahre zwei bis drei Millionen Hindu-Pilger zusammen und bringen etwa zweihundertfünfzigtausend große und kleine Tiere mit – Ratten, Enten, Hühner, Schweine, Ziegen, Büffel –, um eines nach dem anderen zu töten. Die Gadhimai Mela ist damit eines der größten Opferfeste der Religionsgeschichte, so etwas wie ein blutiges Gegenstück zur Kumbh Mela. Besonders schrecklich sind Filmaufnahmen von der Tötung der Büffel: Auf einer fußballfeldgroßen Wiese sind Büffel und ihre Kälber zusammengetrieben, Männer gehen mit Messern und Macheten herum und schlagen den Tieren den Kopf ab. Da es sich zumeist um Amateure handelt, wird daraus ein ungeschicktes, unwürdiges Gemetzel. Ein Tier nach dem anderen fällt zu Boden, aus der klaffenden Halswunde strömt das rote Blut, hinten ergießen sich Urin und Kot. Das Gebrüll der Tiere erfüllt die stinkende Luft. Zitternd und verstört traben die noch lebenden Büffel über ihre dahingeschlachteten Artgenossen.

Das Fleisch, das hier anfällt, wird von den Pilgern nicht verzehrt. Sie überlassen es den Angehörigen der untersten Kaste, die aufräumen müssen. Doch ist es viel zu viel, so dass das meiste auf dem Schlachtfeld verrottet.

Massive Proteste von Tierschützern in Nepal selbst, in Indien und weltweit haben die nepalesische Regierung und das höchste Gericht dazu bewogen, gegen dieses Massenopfer vorzugehen – doch ohne Erfolg. Während eine Gruppe von Nepalesen und Indern darin einen beschämenden Exzess der Tierquälerei sehen, halten andere Hindus diesseits und jenseits der Grenze es als ein heiliges Fest ihres Glaubens und eine kostbare nationale Tradition in Ehren, die gegen alle Kritik von Liberalen, Tierschützern und aus dem Ausland unbedingt zu verteidigen ist. Bisher scheinen die Anhänger des Tieropfers noch die Oberhand zu haben. So fand die Gadhimai Mela nach 2009 und 2014 auch 2019 wieder statt, nur dass dieses Mal Foto- und Filmaufnahmen weitgehend unterbunden wurden. Die Pilger strömten kaum gehindert herbei, brachten auf ihren Wagen, Karren und Mopeds kleine oder große, aber stets durstige und hungrige, gestresste, verängstigte, gequälte Tiere, die Schlächter wurden für ihren Dienst gesegnet, schwangen Messer und Macheten über ihren Köpfen und brachten dann alle Tiere um. Schon am ersten Tag lagen siebentausend Büffel tot am Boden.

Das Opfern von Tieren hat offensichtlich von Beginn an zur Geschichte der Menschheit und ihrer Religionen gehört. Denn ein lebendes Wesen zu töten, sein Blut zu vergießen, ist ein so ungeheuerlicher Akt, so sehr mit heiliger Scheu verbunden, dass es nach religiöser Rechtfertigung und ritueller Gestaltung ruft. Es waren epochale Umstürze notwendig, um Fleischproduktion und Fleischkonsum vom Glauben zu trennen und zu säkularisieren. Nicht alle Religionen sind bisher diesen Schritt gegangen. Heutigen, immer noch irgendwie christlich geprägten Westeuropäern, die selbst eine «normale» Schlachtung nie miterlebt haben, ist das Opfern eines Tieres vollkommen unverständlich. Fleisch ist für sie eine rein profane Sache, die hinter den verschlossenen Toren technisch hochaufgerüsteter Fabriken hergestellt wird, bei Massenschlachtungen ganz anderer Art. Man kann sich allerdings fragen, ob dies einen Fortschritt im Verhältnis von Mensch und Tier darstellt.

18. Orte des Sterbens und der Unsterblichkeit

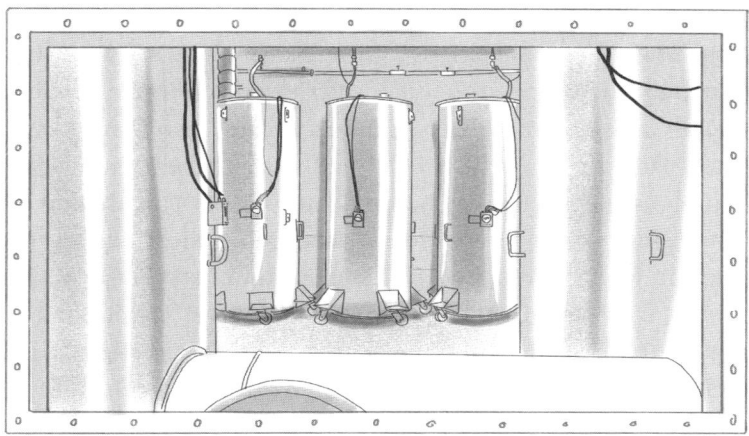

Wo man das ewige Leben kaufen kann: Scottsdale, USA

33° 37′ 2″ nördlicher Breite; 111° 54′ 38″ westlicher Länge

Es hat sich mittlerweile auch in Deutschland herumgesprochen, dass eine Tür zum ewigen Leben in Scottsdale, Arizona, zu finden ist. Weniger bekannt ist, dass es gleich in der Nachbarschaft noch eine zweite gibt, und gänzlich unbekannt ist hierzulande, dass es zwischen diesen beiden Türen zum Paradies neue Verbindungen gibt, was einige Freunde der Ewigkeit mit Hoffnung, andere aber mit Zorn erfüllt.

Über die eine Tür haben in den vergangenen Jahren immer wieder einmal deutsche Medien berichtet. Es handelt sich um einen hochtechnologischen Jungbrunnen in Gestalt mannsgroßer, silbern glänzender Kühltanks. Sie befinden sich im Inneren des Sitzes der Alcor Life Extension Foundation. Deren Adresse lautet: 7895 East Acoma Drive #110, Scottsdale, AZ 85260, USA. Mitten in einem sauber-unauffälligen Gewerbegebiet dieser Kleinstadt in der Nähe von Phoenix, neben einem Elektrohändler und einem Fliesenleger, steht ein von außen wenig bemerkenswertes Funktionsgebäude mit Flachdach, glatter grauer Fassade und ein paar Palmen davor. Im Inneren sieht es bei Alcor aus wie bei jeder anderen medizintechnischen Firma auch: Flure, Büros, Labor- und Operationsräume, darin allerlei Gerätschaften, Apparaturen, Schläuche, Hygieneutensilien. Einzigartig sind nur diese Kühltanks und mit ihnen ein seltsames Geschäftsmodell.

Alcor ist der Hoffnungsort der Kryonisten, die meinen, dass in gar nicht mehr so ferner Zukunft der medizinische Fortschritt so weit gediehen sein wird, dass alle Krankheiten und Altersschwächen überwunden sind und niemand mehr sterben muss. Da dieses Ziel aber offenkundig noch nicht erreicht ist und die Gefahr besteht, dass man selbst vorher stirbt, wollen die Kryonisten (diese Selbstbezeichnung leitet sich von dem griechischen Wort für «kalt» ab) sich unmittelbar nach ihrem Tod einfrieren lassen, damit man sie später wieder auftauen und ihnen die Segnungen ultramodernster Medizin zuteilwerden lassen kann. Für das Präparieren und Einfrieren des ganzen Körpers berechnet Alcor etwa 200 000 Dollar zuzüglich jährlicher Gebühren. Etwa 80 000 Dollar zahlt, wer nur seinen Kopf und sein Gehirn einfrieren lässt. Das ist günstiger, setzt aber die Hoffnung voraus, dass man später einen neuen Körper erhalten oder das Gehirn in einen Roboter eingebaut wird. Wichtig ist natürlich, dass man möglichst in Scottsdale stirbt, damit die Leiche sofort behandelt werden kann. Wie viele Menschen diese Unsterblichkeitstherapie schon erhalten haben, ist schwer zu sagen. Aber es gibt einige prominente Personen, die öffentlich verkündet haben, schon angemeldet zu sein – darunter auffällig viele Vertreter der Hightech-Szene wie der Star-Futurist Ray Kurzweil oder Peter Thiel, der Gründer von PayPal.

Weniger bekannt ist die zweite Unsterblichkeitsfirma von Scottsdale. Sie ist nur eine siebenminütige Autofahrt von Alcor entfernt. Im Bahia Drive, auf der anderen Seite des Freeway, der die Stadt durchzieht, hat People Unlimited seinen Sitz in einem Bürokomplex mit viel Glas und freundlicher Ziegelfassade. Im Inneren befindet sich ein Veranstaltungszentrum mit Bühne, Flügel und E-Gitarren, Scheinwerfern und Lautsprechern sowie ganz vielen Luftballons. Hier werden Vorträge gehalten, Gespräche geführt, Musik gespielt und getanzt. Videoclips zeigen lachende, sich umarmende Menschen. Der Grund zur Freude ist, dass People Unlimited einen erheblichen Schritt über Alcor hinausgeht. Dieses Unternehmen – oder soll man sagen: diese Kirche? – verspricht nicht, dass es irgendwann den Tod besiegen wird. Es behauptet, dies jetzt schon getan zu haben: «Wir sind unsterblich!»

People Unlimited wurde 1982 gegründet und trug seither verschiedene Namen: The Flame Foundation, People Forever oder CBJ. Letzteres war die Zusammenstellung der Anfangsbuchstaben der Vornamen der drei Führungsfiguren: Charles Paul Brown, seiner Frau Bernadeane und James Strole. Begonnen hat alles damit, dass Brown, der zuvor als Nachtclubsänger, Modeeinkäufer und Pastor der charismatischen Assembly of God tätig gewesen war, ein Erweckungserlebnis hatte: Er nannte es ein *cellular awakening*, bei dem er spürte, wie sich die Zellen seines Körpers radikal veränderten, so dass seine genetische Struktur sich umgekehrt und den Tod aus ihrem Programm gestrichen habe: Er fühlte sich seither unsterblich und sammelte mit seinen beiden

Mitstreitern Anhänger um sich, predigte ihnen das brandneue Evangelium vom ewigen Leben im Hier und Jetzt, veranstaltete Workshops und erteilte Lebensratschläge. In eine Krise geriet seine kleine Gemeinschaft, als er 2014 leider doch starb. Zum Glück konnte ihm nachgewiesen werden, dass er ungesund gelebt und nicht ausreichend trainiert hatte. So wurde die Gewissheit gerettet, dass man den Tod vermeiden kann, wenn man nur die Regeln von People Unlimited befolgt und sich genügend anstrengt.

Heute wird People Unlimited von Bernadeane Brown, einem ehemaligen Fotomodell, und James Strole, einem früheren Immobilienmakler, geleitet. Bernadeane Brown findet, dass es «einfach nicht intelligent ist zu sterben». Modisch gekleidet, tief gebräunt und aufwendig frisiert, wirken die beiden wie in die Jahre gekommene Spielshow-Moderatoren aus dem Privatfernsehen. Regelmäßig laden sie in ihr Hauptquartier oder zu Zusammenkünften in anderen Städten ein, wo sie eine Mischung aus Volkshochschule, Party, Verkaufsveranstaltung und Erweckungsgottesdienst bieten. Wer kommt, wird mit übergroßer Freundlichkeit empfangen – *love bombing* nennt man diese Methode, die von vielen Sekten angewandt wird. Es folgen Vorträge darüber, wie man durch Positives Denken, gesunde Lebensweise und moderne Medizin das leidige Altern und Sterben umgehen kann. Wer das für eher unwahrscheinlich halten sollte, wird von den beiden als *deathist*, als fantasieloser, engstirniger und todesfixierter Ungläubiger, gescholten. Am Schluss der Versammlung wird ziemlich massiv um Spenden geworben und anschließend getanzt.

Kritiker halten People Unlimited für eine *fake religion*, wie es sie in den USA unzählige Male gibt, für einen halbkriminellen Kult, der Menschen einfängt, sie einer Gehirnwäsche unterzieht und dann um ihren Besitz bringt. Doch so gefährlich, obskur und seltsam diese Gemeinschaft auch erscheinen mag, steht sie doch für ein verbreitetes Zeitgefühl, in dem Spiritualität, Fortschrittsgläubigkeit, Leistungsorientierung, Selbstoptimierung und ein grenzenloser Konsumindividualismus sich verbinden: Alles dreht sich nur darum, dass es mir sehr gut geht, und zwar für immer.

Nach immerhin schon fast vier Jahrzehnten im Geschäft erlebt People Unlimited gerade einen zweiten Frühling. Vielleicht weil Bernadeane und James – wenn man ihre früheren Fotos mit den heutigen vergleicht – zwar langsam, aber doch sichtlich altern, suchen sie neue Verbündete. Dabei haben sie einen Erfolg, der manche Kryonisten besorgt und verärgert. So konnten sie die Coalition for Radical Life Extension gründen, die das Revolution Against Aging and Death Festival veranstaltet. Auf diesem Festival gegen den Tod werden verschiedene Wege aufgezeigt, wie die Grenzen des menschlichen Lebens endlich und endgültig überwunden werden. Dabei verbinden die Vortragenden ziemlich freihändig ältere Methoden wie Positives Denken und Kryonismus mit neueren Einsichten aus der Gentechnologie oder Stammzellentherapie. Hinzu kommen Einweisungen in einen Anti-Aging-Lifestyle und die Werbung für Einzelmaßnahmen wie Bluttransfusionen. Die meisten Redner präsentieren sich als Naturwissenschaftler und Erfinder. Andere stellen eher eine neue Philosophie oder Weltanschauung vor: den Transhumanismus. Und dann gibt es natürlich auch noch Prediger wie Neal VanDeRee und Bill Faloon von der Church of Perpetual Life aus Hollywood, Florida. So unterschiedlich sie aber auch sein mögen, eint sie doch die feste Zuversicht, dass das Altern eine schlechte Angewohnheit und Sterben eine falsche Entscheidung ist.

Bemerkenswert ist, dass diese Antitodkoalition neben dubiosen Seelenfischern, Parawissenschaftlern und ehemaligen C-Prominenten aus Hollywood auch einige der ganz großen Namen aus der Hightech-Szene versammelt, allen voran Digital- und Biotech-Utopisten wie Ray Kurzweil oder Craig Venter. Es gibt in den USA ein undurchschaubares Geflecht von Forschungseinrichtungen und innovativen Firmen, die selbst an einem Schlüssel zum ewigen Leben arbeiten und keine Berührungsängste mit People Unlimited haben. Eine in dieser Szene besonders bekannte Figur ist Max Moore, Vorstandsvorsitzender von Alcor. Auch er ist Teil der Koalition und hielt auf einem dieser Festivals eine Rede mit dieser Botschaft: «Wir bringen dich nicht als alte Person ins Leben zurück. Wir werden dich zurückholen als eine junge, gesunde Version deiner selbst.»

Das hat einige Kryonisten empört, weil sie die Gefahr witterten, dass ihr Tiefkühlprojekt von religiösen Träumern und Verführern unterwandert und gekapert werden könnte. Ein Kryonist schrieb in einem ihrer Internetforen, was viele dachten: «ICH WILL NICHT, WILL NICHT, WILL NICHT, dass der Kryonismus als ein ‹religiöses› Ding verkauft wird oder auch nur mit so etwas verbunden wird. Damit lockt man nur Spinner an, und Spinner leisten keine echte Arbeit. Kryonismus muss in harter Naturwissenschaft und Ingenieurswissenschaft begründet sein und darf nicht zu irgendetwas anderem aufgemotzt werden, nur damit es sich besser verkaufen lässt.» In der Tat, man kann nachvollziehen, warum die rechtgläubigen Kryonisten die Ewigkeitssekte aus der Nachbarschaft und deren Partnergemeinde aus Hollywood, Florida, ablehnen und fürchten. Doch man würde sie im Gegenzug gern fragen, wie sie eigentlich auf die Idee gekommen sind, selbst mit Religion so gar nichts zu tun zu haben.

Wo Deutsche zum Sterben hinfahren: Die Blaue Oase in Pfäffikon

47° 20′ 42″ nördlicher Breite; 8° 44′ 31″ östlicher Länge

In einem Gewerbegebiet von Pfäffikon, einer Kleinstadt in der Nähe von Zürich, steht die Blaue Oase. Hierher kommen Menschen, um zu sterben. «Dann fahre ich eben in die Schweiz!» – so lautet ein in Deutschland verbreitetes Stoßgebet. Ausgestoßen wird es von Menschen, die an einer tödlichen Krankheit oder extremer Behinderung leiden oder dies zumindest befürchten. In der Angst, schon bald nicht mehr sie selbst zu sein, radikal auf Hilfe angewiesen und unerträglichen Schmerzen ausgeliefert zu sein, scheint ihnen der assistierte Suizid, wie er in der Schweiz rechtlich möglich ist, die letzte rettende Aussicht zu sein. Die Vorstellung, nach Pfäffikon zu fahren, wird so für manche zu einem inneren Anker oder gar zu einem festen Plan.

Von außen wirkt das Haus, in dem der Verein Dignitas Sterbewilligen einen begleiteten Suizid anbietet, wenig auffällig – sieht man von der Farbe ab, der es seinen Namen verdankt. Recht profan ist auch die Umgebung mit Industriebauten, Hallen und Werkstätten. Anders als diese Gewerbebauten ist die Blaue Oase von hohen, blickdichten Büschen umgeben. Dahinter befindet sich ein Garten mit Sitzgelegenheiten und einem Goldfischteich. Die Journalistin Margrit Sprecher hat sich vor rund zehn Jahren einmal genauer umgesehen. Wenig wohnlich fand sie es. Die Apartments seien mit Campingmöbeln und Zufallsmobiliar ausgestattet gewesen. Wachstücher hätten auf den Tischen gelegen, Kalenderlandschaften an den Wänden gehangen. Das habe sie an lieblos eingerichtete Ferienwohnungen erinnert oder an Unterkünfte für Sozialhilfeempfänger. Anders als bei diesen üblich aber hätten hier griffbereit – und im Mietpreis inbegriffen – auf den Tischen Kerzen, Schokolade und Papiertaschentücher gelegen. Dann sei ihr vom Vereinsvorsitzenden ein abgeschlossener Rollschrank gezeigt worden. Der gehöre der Polizei und beinhalte Handschuhe «und alles, was sie sonst noch so braucht», um nach dem Suizid alles ordnungsgemäß aufzunehmen.

Dignitas ist eine Abspaltung des sehr viel größeren Vereins Exit. Während Letzterer seine Dienste ausschließlich Schweizer Mitgliedern vorbehält oder Ausländern, die seit langem in der Schweiz wohnen, richtet sich Dignitas auch an Ausländer. Seit 1998 bietet er ihnen die Freitodbegleitung an «im Fall von ärztlich diagnostizierten hoffnungslosen oder unheilbaren Krankheiten, unerträglichen Schmerzen oder unzumutbaren Behinderungen». Das Verfahren von der ersten Kontaktaufnahme bis zum Suizid soll in der Regel bis zu drei Monate dauern. Der Sterbewillige muss ein persönlich verfasstes und unterzeichnetes Schreiben mit seinen Beweggründen, einen Lebensbericht und medizinische Unterlagen einreichen. Anschließend wird ein unabhängiger Arzt konsultiert. Nach erfolgreicher Prüfung kann der Sterbewillige zur Blauen Oase anreisen, wo ihn ehrenamtliche Freitodbegleiter des Vereins empfangen. Sie erklären den Ablauf und bereiten das Ende vor. Nach einer Zeit des Abschiednehmens von eventuell mitgereisten Angehörigen wird die Apparatur in Gang gesetzt, wobei darauf geachtet werden soll, dass allein der Sterbewillige die Tatherrschaft besitzt. Ist sein Tod eingetreten, prüfen die Freitodbegleiter seine Körperfunktionen und verständigen dann die Polizei.

Pro Jahr sterben auf die Weise etwa zweihundert Menschen in der Blauen Oase von Pfäffikon. Etwa 45 Prozent von ihnen stammen aus Deutschland. Zum Vergleich: Exit ermöglicht ungefähr neunhundert Schweizern jährlich den Suizid. Eine andere Vergleichszahl: Man nimmt an, dass in Deutschland jedes Jahr um die zehntausend Menschen sich selbst töten. Und eine dritte Zahl: Eine Forschungsarbeit hat ergeben, dass 70 Prozent derer, denen Dignitas eine Suizidbegleitung in Aussicht gestellt hatte, dieses Angebot nicht annehmen und sich nach der Zusage nicht mehr melden.

Um Exit und Dignitas hat es hitzige Debatten gegeben. In der Schweiz sind sie nach einer politischen und rechtlichen Klärung weitgehend abgeflaut – anders als in Deutschland, wo noch intensiv gestritten wird. Allerdings gibt es zwischen beiden Vereinen einen Unterschied. Exit gilt als weithin anerkannt, hat viele Mitglieder und tritt vergleichsweise moderat auf. Übrigens wurde dieser Verein unter Mitwirkung von reformierten Pfarrern gegründet. Der Vorsitzende von Dignitas dagegen, Ludwig A. Minelli, verbindet das Angebot der Suizidbegleitung mit einer aggressiven kulturkämpferischen Agenda nach der Devise «Mein Tod gehört mir» – ähnlich der kirchenkritischen Agitation, wie man sie von Atheistenvereinen kennt. Zudem wurden ihm wiederholt Vorwürfe gemacht, was die Transparenz seines Betriebs und etwaige kommerzielle Interessen angeht. Mehrfach hatte er deshalb Schwierigkeiten mit der Schweizer Justiz.

Es wäre gut, wenn die Fragen des Lebens und Sterbens angesichts unheilbarer Krankheit und schwerster Behinderung weniger weltanschaulich, politisch, moralisch, religiös oder antireligiös diskutiert würden. Dabei mag helfen, einmal auf die Seelsorger zu hören, die Menschen in solchen Extremsituationen begleiten. Ein Hamburger Krankenhausseelsorger hat von einer Frau berichtet, die nach einem Unfall nur noch ihren Kopf bewegen konnte und die sich nach einer intensiven Leidens- und Reflexionszeit entschieden hatte, die Dienste von Dignitas in Anspruch zu nehmen. Viele Gespräche hatten sie miteinander geführt. Auch wenn der Seelsorger selbst dem christlichen Prinzip der Ehrfurcht vor dem Leiden verpflichtet blieb, war ihm doch klar, dass «die Fähigkeit, unerträgliches Leiden auszuhalten, begrenzt ist». Deshalb blieb er an der Seite dieser Frau, ohne über sie zu urteilen. Als er sie ein letztes Mal vor ihrer Reise in die Schweiz zu Hause besuchte, sagte sie ihm: «Ich freue mich auf mein Ende.» Gemeinsam mit ihrem Ehemann, ihrer Tochter und Mutter feierten sie am Krankenbett das Abendmahl. Schon zwei Tage später war sie gestorben. Allerdings, so fügt er hinzu, habe er auch andere Erfahrungen machen können: Todkranke, die die Zeit, die ihnen blieb, bewusst und bis zum letzten Atemzug als sinnvoll erlebten – wenn nur dafür gesorgt war, dass sie keine übermäßigen Schmerzen erlitten und es Menschen gab, die bei ihnen waren. Was für einen deutschen Seelsorger noch eine seltene Ausnahme darstellt, ist für seine Schweizer Kollegen zwar keine Routine, aber inzwischen doch eine Herausforderung, der sie sich regelmäßig stellen müssen – und der sie sich nicht verweigern.

Wer über den Todeswunsch hart angefochtener Menschen nachdenkt – gleichgültig, ob sie ihn in der Blauen Oase oder anderswo in die Tat umsetzen –, dem mag aufgehen, dass darin ein religiöses Motiv wirksam sein kann. Denn auch dies ist eine mögliche Haltung des Glaubens: einsehen, dass die eigene Existenz eine Grenze hat und dass dies gut so ist, also nicht krampfhaft um die Verlängerung des Lebens kämpfen oder gar neumodisch-technischen Versprechen der Unsterblichkeit folgen, sondern sich am Ende ergeben und den Tod erwarten wie einen Freund.

Übrigens, so säkular und antikirchlich sich der Verein Dignitas auch gibt, können einige Freitodbegleiter doch nicht anders, als in einem entscheidenden Moment eine religiöse Handlung zu vollziehen. Einer von ihnen jedenfalls hat einem Journalisten erzählt, wie er jedes Mal, nachdem ein Suizidant gestorben ist, das Fenster öffnet, damit dessen Seele hinauskönne.

19. Virtuelle Räume

Der Gebetsraum der Post-Evangelicals

rachelheldevans.com

Im Frühjahr 2019 wollten wir von Manhattan zum Flughafen, doch die U-Bahn fuhr nicht. Mit anderen, ebenfalls leicht hektischen Reisenden beschlossen wir, uns ein großes Taxi zu teilen. Der Zufall wollte es, dass einer von ihnen ein Kollege war: ein lutherischer Pfarrer der kleinen, streng konservativen Wisconsin Evangelical Lutheran Synod. Doch was er während der Fahrt zum Flughafen von seiner Arbeit erzählte, war gar nicht rückständig. Mit besonderer Sympathie wende er sich einer Gruppe jüngerer Menschen zu, die sich von ihren Kirchengemeinden verabschiedet haben – im Zorn und im Schmerz. Dort hätten sie Missbrauch erlebt, nicht unbedingt sexueller Art, wohl aber *spiritual abuse:* religiöse Manipulation, Beschämung und Gehirnwäsche. Oft sei ein *political abuse* hinzugekommen, eine extreme politische Vereinnahmung des christlichen Glaubens. Gerade im Mittleren Westen und in den Südstaaten komme in jüngster Zeit Schlimmes ans Licht. Mit der fundamentalistischen Frömmigkeit ihrer Kindheit und Jugend hätten diese jungen Leute gebrochen, einen eigenen Glauben sich aber irgendwie bewahrt. Nur wüssten sie nicht recht, wie sie sich jetzt nennen sollten. Die Wörter *evangelical* oder auch *Christian* seien für sie vergiftet. Die meisten von ihnen würden sich deshalb als *post-evangelicals* bezeichnen.

Von diesen Post-Evangelicals gibt es inzwischen viele, und sie verbinden sich zunehmend untereinander. Sie bilden eine lose Bewegung ohne Leitung und Institution. Was sie zusammenhält, ist zunächst die Ablehnung des fanatischen Protestantismus, in dem sie aufgewachsen sind. Hier waren sie einer rigiden Moral unterworfen, deren Leib- und Menschenfeindlichkeit sie spätestens seit der Pubertät schwer belastete. Der Glaube wurde ihnen als eine aufgepeitschte Erlösungslehre gepredigt, nach der sie sich als nichtswürdige Sünder zu verdammen hätten, um die Gnade eines Gottes zu erwerben, dessen hervorstechender Charakterzug ein unerbittlicher Zorn war. Damit verband sich eine sektiererische Aufteilung der Menschheit in wenige Erlöste, zu denen die Mitglieder der eigenen Gemeinde gehörten, und eine Masse von Verdammten, mit denen man nichts zu tun haben sollte – es sei denn, man könnte sie bekehren. Aufdringliche Missionierung und Menschenverachtung gingen da eine hässliche Verbindung ein. In ihren Gemeinden war ihnen eingetrichtert worden, dass die Fortschritte der Moderne in Wissenschaft, Weltanschauung, Ethik, Lebensführung, Kultur und Kunst auf das Schärfste abzulehnen seien. Zugleich aber mussten sie mit erwachendem politischem Bewusstsein feststellen, dass ihre Gemeinden sich selbst einer modernen Ideologie unterworfen hatten: dem Ideengemisch der Republikaner aus striktem Sozialkonservatismus, ungehemmtem Kapitalismus und halb ausgesprochenem Rassismus. Damit wollen die Post-Evangelicals nichts mehr zu tun haben. Stattdessen suchen sie sehnsüchtig nach einer Religiosität ohne aggressive Parolen, ehrlich und tolerant, menschenfreundlich und befreiend, sozial und ökologisch engagiert.

Diese religiösen Aussteiger sind heimatlos. Die traditionellen Orte und Gemeinschaften des Glaubens haben sie verlassen, zurück können sie nicht, einen Ersatz haben sie noch lange nicht gefunden. Eine religiöse Bewegung ohne festen Ort und verbindliche Gemeinschaft – das mag auf ältere Europäer, geprägt von einer institutionellen Kirchlichkeit, befremdlich wirken. Doch gerade darin stehen die Post-Evangelicals wie niemand sonst für eine der wichtigsten religiösen Tendenzen der Gegenwart. Nur fragt sich, wie lange sie es in dieser Ortlosigkeit aushalten und wann sie irgendwo und irgendwie ankommen.

Solange dies noch offen ist, suchen sie eine virtuelle Gemeinschaft, indem sie sich über schlechte und gute Religiosität im Internet austauschen. Hier gibt es keine heiligen Institutionen, Hierarchien oder Autoritäten, die das Gespräch lenken und hemmen könnten, hier ist alles freie Kommunikation unter Gleichberechtigten. Auch wenn Bücher, Seminare und Konferenzen für Post-Evangelicals angeboten werden, sind es doch soziale Netzwerke wie Facebook oder Meetup, Debatten in Blogs und auf Twitter, kurze Filme auf YouTube, die zum eigentlichen Ort ihrer religiösen Suche geworden sind – auf eine Weise, wie es in Europa noch undenkbar ist.

Aus dem digitalen Stimmengewirr der Post-Evangelicals stechen einige heraus, zum Beispiel Rachel Held Evans, eine junge Journalistin. Mit Blogeinträgen wie diesem (gekürzten) vom 14. November 2016 über das «Leben nach dem Evangelikalismus» ist sie zu einer Sprecherin ihrer Generation geworden:

Dies hier ist für jeden, der am gestrigen Sonntag zu Hause geblieben und nicht in die Kirche gegangen ist – für jede Mutter mit einem behinderten Kind, für jeden Überlebenden eines sexuellen Angriffs, für jeden Farbigen inmitten eines mehrheitlich weißen Gemeinwesens, für jeden Sohn und jede Tochter von Einwanderern, für jeden, der Ausgegrenzte verteidigt, für jeden, der es nicht über sich bringt, gemeinsam mit Leuten fromme Lieder zu singen, die ihn die Woche über betrogen haben, mit Christen, die Trump unterstützen. Bitte, hör mich an: Du bist nicht allein. Du bist nicht allein in deiner Trauer. Du bist nicht allein in deiner Wut. Du bist nicht allein mit deinem Zweifel, deiner Enttäuschung und Angst.

Die Gemeinde, die dich zu Jesus geführt hat, die dich getauft und dich «ein geliebtes Kind Gottes» genannt hat, hat sich an Werten ausgerichtet, die du nicht anerkennst. Es sind die Menschen, mit denen du jede Woche Gottesdienst gefeiert hast, deren Kinder mit deinen Kindern spielen, die dir einen Auflauf nach Hause bringen, wenn du aus dem Krankenhaus kommst, die dich anrufen, wenn es eine gute Nachricht mitzuteilen gibt – aber jetzt wünschst du dir, dass du mit ihnen offener und ehrlicher geredet hättest. Sie sind für dich keine Fremden, nicht wahr? Aber plötzlich bist du mitten unter ihnen zum Fremden geworden.

Jetzt liegen vor dir einige Entscheidungen, die du treffen musst – am drängendsten diese: Sollst du bleiben oder gehen? Ich werde dir nicht sagen, was du tun sollst. Vielleicht wirst du bleiben und dich für Veränderungen einsetzen. Vielleicht wirst du gehen und einer neuen Gemeinschaft beitreten. Vielleicht wirst du eine Weile nicht wissen, wohin. Aber wir beide wissen, dass sich etwas ändern muss.

Die gute Nachricht ist, dass Jesus schon bei denen ist, die am Rand leben. Jesus ist mitten unter denen, die unser neuer Präsident verachtet. Wenn wir mit diesen Verachteten und Leidenden solidarisch sind, steht Jesus uns bei. Wir müssen Jesus nicht verlassen, um die unheilige Ehe zwischen Donald Trump und der weißen amerikanischen Kirche zu verlassen. In diesen aufgewühlten Zeiten wird ein prophetischer Widerstand entstehen – getragen von Geistlichen, Aktivisten, Künstlern, Satirikern, Gottesdienstliebhabern, Eltern, Lehrern, Freiwilligen, die sich für ‹die Geringsten unter diesen› einsetzen. Ich habe meinen Glauben an den Rändern der Gesellschaft wiedergefunden, zum Beispiel durch das Gay Christian Network und bei Menschen, die genau wie ich zweifeln und träumen, die humpeln, weil sie mit Gott gerungen haben. Ich hoffe, dass auch du zu uns kommst.

Du bist nicht allein. Es gibt ein Leben nach deinem alten Leben. Es gibt einen Glauben nach deinem alten Glauben. Halte durch.

Wie sehr Evans mit solchen Blog-Beiträgen ihren Lesern aus der Seele gesprochen hat, zeigt eine Unzahl von Kommentaren. Etwa dieser:

Danke, Rachel, dass du mich daran erinnert hast, dass ich nicht allein bin. Seit meine Eltern mich rausgeschmissen haben, weil ich schwul bin, kann ich der Kirche nicht mehr vertrauen. Da sind in mir viel Bitterkeit und Zorn auf sie, die Kirche und Gott. Komisch, die Bibel sagt, dass uns in dieser Welt Schwierigkeiten und Schmerz begegnen, dass Menschen uns zurückweisen werden. Aber du erwartest nie, dass der Schmerz und die Zurückweisung von denen kommen, denen du vertraut hast.

Oder:

Ich bin ein Post-Fundamentalist und Post-Evangelikaler, im Moment So-eine-Art-Anglikaner. Gerade heute Morgen habe ich darüber nachgedacht, dass unter all den Schichten der Heilung, die bisher geschehen ist, die Narben der alten Wunden immer noch da sind, und sie tun immer noch weh. 17 Jahre später, 25 Jahre und mehr, sie tun immer noch weh. Es schmerzt, einen Ort, Menschen und eine Art zu denken zu verlassen, die ein Teil von dir waren, eine Heimat. Ich glaube, dass dieses Gefühl der Entwurzelung, des Heimwehs nie aufhören wird.

Erstaunlich, wie der Blog und der Twitter-Feed von Rachel Held Evans zur Heimat einer neuen religiösen Bewegung wurden. Darin übte sie eine prophetische Kritik an der Frömmigkeit, die sie geprägt hatte, probierte sie neue theologische Gedanken aus, die ins Freie führen sollten, sorgte sie sich um die Seelen ihrer Leser, spendete Trost, bestärkte und machte Mut. Damit bewies sie, dass das Internet und die sozialen Netzwerke Orte echter Gemeinschaft sein können, auch wenn man diese nicht unbedingt «christlich» nennen muss.

Am 4. Mai 2019 starb Rachel Evans mit nur siebenunddreißig Jahren. Sie war an einer Infektion erkrankt, das Medikament hatte eine schwere allergische Reaktion ausgelöst. Zurück ließ sie ihren Ehemann und zwei kleine Kinder sowie eine riesige erschütterte Internetgemeinde.

Doch langsam entwickeln sich erste, ganz kleine Ansätze, gemeinsam mit Post-Evangelicals reale Orte und analoge Gemeinschaften zu schaffen. Mit schöner Eigenwilligkeit versucht sich auch mein Reisebekannter daran, Post-Evangelicals aus der Nachbarschaft zu Gesprächen von Angesicht zu Angesicht – und nicht nur über digitale Endgeräte – zusammenzubringen. In New Orleans hatte Mike Indest vor sechs Jahren einen geschlossenen Chat bei Meetup gegründet, der sich *Critical Christian Theology Café for Moderates/Subversives* nannte. Daraus wurde vor zwei Jahren Word.Beer.Deed. Gemeinsam mit seiner Frau lädt Indest

Interessierte zu einem zwanglosen, aber konzentrierten Gespräch über einen Text oder eine These ein. Dazu gibt es ein Bier und danach eine gemeinsame gute Tat. Anfangs trafen sie sich in einer Kneipe, um erst gar kein Kirchengefühl aufkommen zu lassen. Aber das war für einige zu teuer. So kommt man nun bei den Indests zu Hause zusammen: einige Post-Evangelicals, ein Muslim, einer, der sich «ChristoPagan» nennt, ein anderer bezeichnet sich als «Christian non-realist», also als ein Christ, der nicht in einem gegenständlichen Sinn an Gott glaubt. Einige bringen ihre Hunde mit, auch weil ihnen dies ein besseres, sicheres Gefühl gibt, denn ihr Vertrauen in Menschen ist erschüttert. So ergibt es sich wie von selbst, was die gute Tat nach der Diskussion (bei alkoholischen oder nichtalkoholischen Getränken) sein soll: Oft geht es darum, Obdachlosen und deren Hunden Nahrung zu geben. Oder man kümmert sich um wild lebende Katzen und Hunde im Stadtteil. Aus ihnen werden nie Haustiere werden. Das versucht Mike Indest mit seiner Gruppe auch gar nicht, sondern er gibt ihnen zu essen und zu trinken oder bringt sie zum Tierarzt. Manchmal sieht er eine Parallele zwischen diesen Tieren und den Post-Evangelicals: «Es gibt einige Menschen, die so verletzt und verwirrt sind, dass sie nie wieder eine Kirche betreten werden, und die Sprache verabscheuen, die die Kirche benutzt, um von Gott zu sprechen. Dennoch, Gott liebt sie, und sie antworten ihm, so gut sie können. Ich hoffe, dass eine Gruppe wie Word.Beer.Deed. ein Ort sein kann, an dem sie eine wohltuende, sichere Gemeinschaft erleben, mit der sie ihre Zweifel, Ängste und Hoffnungen teilen können.»

Eine ziemlich deutsche Seltsamkeit: Der Evangelische Kirchentag

360° möglicher Breite; 90° toleranter Länge

Von außen betrachtet, ist es eine einmalige Tradition, dass in Deutschland alle zwei Jahre über hunderttausend Menschen in einer Großstadt für vier Tage zusammenkommen, um auf mehr als zweitausend Veranstaltungen über wesentliche Fragen des Glaubens, der Kirche, der Gesellschaft, der Politik, der Lebensführung nachzudenken und in den unterschiedlichsten Formen Gottesdienst zu feiern. Etwa fünftausend ausländische Gäste helfen dabei, den traditionellen Provinzialismus des deutschen Protestantismus zu durchbrechen, und ungefähr ebenso viele Ehrenamtliche sorgen für einen reibungslosen Verlauf. Der Deutsche Evangelische Kirchentag ist ein riesiges, manchmal chaotisch wirkendes, aber durchweg zwangloses religiöses Gespräch. Amtlich bestallte Theologen nehmen daran teil, sollen es aber nicht beherrschen. Wichtiger sind die Beiträge von externen Gästen, Expertinnen, Politikern, Aktivisten, Künstlerinnen sowie den Teilnehmenden. Der Kirchentag soll der Ort eines Protestantismus sein, der über sich hinausdenkt, offene Fragen stellt, den Zweifel zum Thema macht, aktuelle Krisen zu verstehen sucht, und dies nicht im Rahmen eines kirchlichen Selbstgesprächs mit dem bloßen Ziel der Selbstvergewisserung, sondern gemeinsam mit anderen «Menschen guten Willens» – also gewissermaßen ein protestantischer Ort für «Post-Protestanten», ein Beitrag zu einer Religionskultur ohne Zwang, tolerant und neugierig auf den Austausch mit Angehörigen anderer Kirchen und Religionsgemeinschaften sowie mit nichtreligiösen Menschen.

Virtuelle Räume

Politische Fragen spielen bei den Vorträgen, Podiumsdiskussionen und Foren eine große Rolle, sollen aber nicht das einzige Thema bilden, sondern sich mit Glaubensinhalten kreuzen. Das Engagement für Frieden, Gerechtigkeit und die Bewahrung der Schöpfung steht im Mittelpunkt, dennoch soll dies zu keiner ideologischen oder parteipolitischen Vereinnahmung führen. Die Bibelarbeiten am Morgen sowie die unzähligen, oft experimentellen Andachten und Gottesdienste sowie viele Konzerte sollen dafür sorgen, dass sich ein Gleichgewicht aus Weltlichem und Geistlichem einstellt. Seit einigen Jahren versucht ein Kulturprogramm, das Spektrum so zu erweitern, dass es auf dem Kirchentag nicht allzu moralisch-asketisch, sondern auch ästhetisch-reizvoll zugeht. Vor allem aber – und für viele Besucher ist dies mit das Wichtigste – ist der Kirchentag ein Ort der Begegnung und des Kennenlernens: zunächst beim Eröffnungsabend im Zentrum der gastgebenden Stadt oder in ihren Kirchengemeinden und dann bei den zahlreichen Angeboten. Schließlich gibt es mit dem «Markt der Möglichkeiten» eine kaum überschaubare Ideenmesse, auf der man sich mit Vertretern großer Institutionen oder kleiner Initiativen unterhalten kann: mit «proChrist» und dem «Netzwerk Pilgerwege», der «Aktion Kirche und Tiere» und dem «Arbeidskrink Plattdütsch in de Kark», «Betriebsräten gegen Kohle» und «Evangelischen Unternehmern», der «Friedensbibliothek Berlin» und dem «Volksbund Kriegsgräberfürsorge», diakonischen Einrichtungen, Missionswerken, Freiwilligendiensten. Auch Skurriles wie die «Esperanto-Liga für Christen» findet sich hier.

Der Deutsche Evangelische Kirchentag blickt auf eine inzwischen lange Geschichte zurück. Gegründet wurde er 1949, auch wenn es Vorläufer schon im 19. Jahrhundert gab. Angesichts der äußeren und inneren Verheerungen, die Krieg und Diktatur angerichtet hatten, sollte er neue Orientierung stiften. Prägend waren anfangs die Einflüsse der Bekennenden Kirche, des Pietismus und der ökumenischen Bewegung. Spätestens seit dem Bau der Mauer 1961 stand er im Zeichen der deutschen Teilung. Hatte man vorher noch gemeinsam feiern können, fanden nun in West- und Ostdeutschland jeweils eigene Kirchentage statt. Einen zweiten Einschnitt brachte der Kulturumbruch von 1968. In den Folgejahren verwandelte sich der Kirchentag tiefgreifend und wurde zum Podium eines neuen Protestprotestantismus: gegen Vietnamkrieg und Apartheid, gegen Aufrüstung und Atomkraft, gegen Geschlechterungerechtigkeit und Umweltzerstörung. Charismatische Predigerinnen und prominente Vordenker zogen ein riesiges und begeistertes Publikum an. Die Kehrseite davon war eine Polarisierung, die dazu führte, dass mit Andersdenkenden nicht immer duldsam umgegangen wurde. Dies hat sich inzwischen gelegt. Großartig auftretende Prophetinnen und Propheten gibt es keine mehr. Das hat den Vorteil, dass auf dem Kirchentag inzwischen ein freieres Gesprächsklima herrscht, ruhiger zugehört und mehr nachgefragt wird. Auch geht es nicht mehr so ökologisch-spröde zu wie noch in den achtziger Jahren. Mit einer neuen Generation von Teilnehmenden haben auch Pop- und Eventkultur erfolgreich Einzug gehalten.

Ein Beweis für die Bedeutung und Bekanntheit des Kirchentages ist der Spott über ihn. Jedes Mal von neuem ist er ein beliebter Gegenstand für lästerliche Glossen und Kommentare über all diese viel zu friedensseligen, wahnsinnig weltrettenden, unerträglich freundlichen Menschen mit ihrer provinziellen Kleidung und den unvermeidlichen Korksandalen. Auch manche der inzwischen nicht mehr ganz so frischen Lieder («Wenn das rote Meer grüne Welle hat …») bieten Stoff für einen bunten Kabarettabend. Es gibt auch Gründe, dafür dankbar zu sein, dass der Kirchentag eine regelmäßige Ausnahme, aber nicht der

Normalzustand ist. Er ist eben auch ein Marktplatz für kirchliche Moden und pastorale Torheiten, denen man keine Dauer wünscht. Doch wer über den Kirchentag bloß spottet, übersieht eines: Viele Menschen in anderen Weltgegenden, in denen kein Gespräch zwischen Religiösen und Säkularen, Progressiven und Konservativen möglich ist, die fest im Griff eines autoritären Traditionalismus oder gar eines Fundamentalismus sind, dürften diese einzigartige Einrichtung nicht nur seltsam finden.

20. Ein sicherer Ort

Die versteckte Kapelle im Grenzdurchgangslager Friedland

51° 25′ 27″ nördlicher Breite; 9° 54′ 37″ östlicher Länge

Eine der seltsamsten Kirchen Deutschlands ist zugleich die unscheinbarste. Von außen macht sie gar nichts her, unterscheidet sich kaum von ihrer Umgebung. Leicht geht man achtlos an ihr vorbei. Sie ist in ihrer äußeren Gestalt nur eine Baracke: ein lang gestreckter Bau aus weiß getünchtem Holz, ein ebenerdiges Stockwerk von nicht mehr als drei Metern Höhe, darauf ein schlichtes Satteldach. In Reih und Glied steht sie mit den anderen Baracken des Grenzdurchgangslagers Friedland, eine Notkirche neben Notunterkünften, arme, aber zweckdienliche

Architektur. Ihre Umgebung wirkt heute ordentlich, ruhig, aber nicht unbelebt. Zwischen den neueren und größeren Gebäuden für Verwaltung, Verpflegung und Beratung sowie den Baracken gehen einige Menschen ohne Eile hin und her. Fast wirkt diese Szenerie dörflich, mit den autofreien kleinen Straßen und Plätzen, den Büschen und niedrigen Bäumen. Nur dass man viele fremde Sprachen hört, vor allem Arabisch und Russisch. Aber keine Mauern, Zäune, Stacheldrahtspiralen oder schweren Tore versperren den Ein- oder Ausgang. Das Lager ist offen, ein Teil des Ortes. Mittendrin, ganz unauffällig, befindet sich die «Evangelische Lagerkapelle», wie auf einem Schild in altertümlich deutscher Schrift über dem schlichten Eingang zu lesen ist. Doch so bescheiden sie sich gibt, stellt sie dennoch etwas Einzigartiges dar. Denn kein anderes Aufnahmelager in Deutschland besitzt solch eine eigene Kirche.

Ursprünglich sollte diese Flüchtlingkirche in einer Zeit akuter Not kurzfristig ihren Dienst tun. Das stille Dorf Friedland lag im Frühsommer 1945 an einer strategisch bedeutsamen Stelle. 15 Kilometer südlich von Göttingen stießen hier die britischen, amerikanischen und sowjetischen Besatzungszonen aufeinander. Zudem gab es einen Bahnhof mit Verladerampe. Deshalb strömten nach dem Ende des Zweiten Weltkriegs ungeheuer viele Menschen auf ihrem Weg von Ost nach West hierher. Im Schnitt sollen es täglich viertausend gewesen sein. In den ersten vier Jahren kamen insgesamt knapp zwei Millionen nach Friedland: Vertriebene und Flüchtlinge aus den verlorenen Ostgebieten, in den Osten Evakuierte und Rückwanderer, entlassene Kriegsgefangene, Grenzgänger. Schwer gezeichnet, ausgemergelt und verletzt, schleppten sie sich heran, in Lumpen, mit Kindern an der Hand, die kläglichen Reste früherer Besitztümer in Rucksäcken, unförmigen Koffern oder auf klapprigen Ziehwagen. Um ihnen zu helfen, aber auch um ihrer Herr zu werden, errichtete die britische Militärverwaltung im September 1945 das Grenz-durchgangslager Friedland. Es sollte die Entwurzelten aufneh-men, registrieren, kontrollieren, kanalisieren und ihre Weiter-leitung in andere Teile Westdeutschlands organisieren. Zugleich musste medizinische Ersthilfe geleistet werden. Die Ankom-menden waren zu Tode erschöpft, nah am Verhungern, viele verletzt, versehrt, verstört oder traumatisiert. Und dann gab es noch all die verwaisten Kinder und allein umherziehenden Jugendlichen. Viele Menschen konnte man nicht einfach nach 24 Stunden weiterschicken, wie es die Briten ursprünglich ge-plant hatten.

Im Herbst 1945 nahmen die evangelische Diakonie und die katholische Caritas hier ihre Arbeit auf. Schnell wurden zwei-hundertdreißig «Nissenhütten», halbrunde Wellblechbaracken, errichtet. Aber sie reichten nicht. Der Strom der Flüchtlinge aus dem Osten riss auch in den folgenden Jahren nicht ab. Ab 1951 wurden feste Holzbaracken gebaut. Für viele wird es wichtig gewesen sein, dass es in diesem Lager bald auch eine Kirche gab. Nachdem man zunächst Gottesdienste in der «Kinobaracke», einem ersten Gemeinschaftsraum, gefeiert hatte, begannen 1948 die Bauarbeiten für eine eigene Kapelle, die schon im Januar 1949 eingeweiht werden konnte. Anfangs wurde sie als Simul-tankirche auch für katholische Messen genutzt, bis 1956 die katholische St.-Norbert-Kirche außerhalb des Lagers geweiht wurde. Während diese von außen und innen sofort als «rich-tige» Kirche, als großer, auffälliger Sakralbau zu erkennen ist, suchte die evangelische Kapelle einen anderen, höchst eigen-ständigen Weg.

Sie verortet sich mitten im Lager und will sich äußerlich durch nichts von ihren Nachbarbauten und deren Bewohnern unterscheiden. Im Inneren aber bot sie ihren Gästen von Anfang an einen ganz anderen Ort, der sich deutlich von den damals elenden, überfüllten, lauten und hässlichen Massenunterkünften abhob. Sie ist das, was man in der heutigen Traumatherapie und Krisenpsychologie einen «sicheren Ort» nennt: Man versucht, Menschen, denen gerade erst etwas Furchtbares zugestoßen ist, an einen Ort zu bringen, an dem sie keine Angst mehr haben müssen, der ihnen vertraut vorkommt, an dem sie sich wohlfühlen und wieder zu sich kommen können. Solch ein «sicherer Ort» ist die evangelische Lagerkapelle von Friedland. Wer hier eintritt, den umfängt sogleich eine besondere Wärme. Diese verdankt sich vor allem den Wänden aus dunklem, bernsteinglühendem Holz. Die Einrichtung ist einfach und wohlbekannt: Bänke, Lesepult, Altar, Kreuz, Orgel. Jeder, der diesen Raum betritt, weiß sogleich, dass dies eine Kirche ist, allerdings eine ohne sakrale Überhöhung oder klerikale Machtzeichen.

Die Botschaft «Hier bist du sicher» verkünden auch die Bilder an den Holzwänden. Es sind Kohlezeichnungen von Paula Jordan. Auch wenn sie heute niemand mehr kennt, war sie doch eine der einflussreichsten Erbauungskünstlerinnen des 20. Jahrhunderts. 1941 erschien mit ihren Illustrationen «Der Schild des Glaubens» – ein Lehr- und Lesebuch mit den wichtigsten biblischen Erzählungen für den schulischen und kirchlichen Unterricht, aber auch für den häuslichen Gebrauch. Dies war in West- wie in Ostdeutschland bis weit in die 1960er Jahre die erfolgreichste Kinderbibel. Später wurde Paula Jordan vorgeworfen, ihre Illustrationen seien zu plakativ, würden die positiven Gestalten zu «deutsch» und die negativen Figuren zu «jüdisch» aussehen lassen, also antisemitische Ressentiments bedienen. Davon kann man in ihren Friedlander Zeichnungen nichts erkennen. Diese zeigen schlicht und konzentriert drei biblische Urszenen von Ankommen, überstandener Gefahr und neuer Gewissheit.

Hinter dem Altar empfängt der Vater seinen verlorenen

Sohn – ja, er eilt ihm entgegen, so als wäre er selbst es, der verloren war. Seine Arme sind weit geöffnet, in seinem Blick verbinden sich Güte und Glück. Auf der einen Seite daneben rettet Jesus Petrus aus den Wasserfluten. Fast wäre Petrus in der äußeren Not und inneren Verzweiflung untergegangen, da kommt ihm Jesus auf dem Wasser entgegen, um ihn in seinem Gewand wie unter einem Schutzmantel zu bergen. Auf der anderen Seite vom Kreuz sitzt der auferstandene Christus mit zwei Jüngern an einem Tisch. Er war mit ihnen von Jerusalem nach Emmaus gegangen, aber sie hatten ihn nicht erkannt. Niedergeschlagen hatte sie ihm von der Kreuzigung ihres Meisters erzählt. Jetzt aber beim abendlichen Mahl, als er ihnen das Brot bricht, sehen sie, dass er selbst es ist, der sie den weiten Weg lang begleitet hatte, und ihnen wird bewusst, dass sie in ihrer Trauer nie allein waren.

Diese drei Kohlezeichnungen auf der dunkel-warmen Holzwand hinter dem Altar kommen ohne höheren Kunstanspruch aus, aber in ihnen zeigt sich ein seelsorgerliches Feingefühl. Sie nehmen die frischen Erinnerungen an Gefahr, Angst, Elend, Tod und Heimatlosigkeit auf und verwandeln sie in Zutrauen, Gewissheit und Hoffnung – und dies so, dass jeder Besucher seine eigene Geschichte in ihnen widergespiegelt sehen könnte.

Man kann sich heute nicht nur die damalige Not kaum vorstellen, auch die Bedeutung dieses Kirchenraums lässt sich nur noch schwer nachvollziehen. Aber es lohnt sich, es zumindest zu versuchen. Als die riesige «Schar Geister aus dem Totenreich» – so ein Augenzeuge – die Grenze erreichte, wurden sie oft von Pastor und Priester sowie deren Mitarbeiterinnen und Mitarbeitern am Schlagbaum begrüßt und im Namen ihrer Kirche willkommen geheißen. Auf der Straße, in den Unterkünften, in der Kinobaracke, dann in der Kapelle wurden ungezählte Andachten – manche nur ganz kurz – gehalten. Die Menschen sollten gleich bei ihrer Ankunft eine freundliche Stimme und ein aufbauendes Wort hören – nach all dem Schreien und Brüllen, den Befehlen und Beschimpfungen, dem Weinen und angstvollen Schweigen auf dem Marsch. Bis zu sechs Andachten wurden anfangs Abend für Abend gehalten. Auch sie dürften «sichere Orte» gewesen sein: Worte und Klänge, rituelle Handlungen, die den meisten sehr vertraut waren, schufen einen seelischen Raum, in dem die Entronnenen wieder zur Besinnung kommen und dem Ausdruck verleihen konnten, was sie innerlich bewegte. Bei vielen war dies Dankbarkeit, weshalb wieder und wieder der alte Choral «Nun danket alle Gott!» gesungen wurde.

Viele evangelische Flüchtlinge, zu denen auch Baptisten und Mennoniten gehörten, brachten aus ihrer Heimat im Osten eine starke volkstümliche Frömmigkeit mit, die in der Kapelle ein zwischenzeitliches Zuhause fand. Andere hatten – das ist eben kein Klischee – in der Not zu beten gelernt. Einige hatten sogar Gelübde getan, die sie nach ihrer Rettung einlösen wollten, um sich von nun an dauerhaft im christlichen Glauben zu verankern. Dankbar nahmen sie alle die Bibeln entgegen, die ihnen geschenkt wurden. Die Kapelle und die Gottesdienste, die hier gefeiert wurden, boten für kurze Zeit denen eine innere Heimat, die ihre äußere Heimat verloren hatten und nun in einem Teil von Deutschland angekommen waren, in dem sie sich noch lange in der Fremde fühlen würden. Die wenigsten von ihnen war ja «Heimkehrer».

Aber die Lagerkapelle wurde nicht nur für Gottesdienste genutzt. Tagsüber wurde das Kirchenschiff in einen Gemeinschaftsraum verwandelt. Jeden Nachmittag gab es hier Kaffee und Kuchen, für Kinder Kakao, auch Kleidung und Hygieneartikel wurden verteilt. Hier konnte man sich wohler fühlen als in den überfüllten Schlafbaracken.

Endgültig zu einem deutschen Erinnerungsort wurde Friedland, als 1955 und 1956 die letzten deutschen Kriegsgefangenen aus der Sowjetunion zurückkamen. Konrad Adenauer hatte die «Heimkehr der Zehntausend» in dramatischen Verhandlungen mit Nikita Chruschtschow möglich gemacht. Als sie endlich in Friedland eintrafen, begrüßten viele Angehörige sie, aber auch ein für damalige Verhältnisse überwältigendes Aufgebot von Journalisten, Fotografen, Radio- und Fernsehteams. Herzzerreißende Szenen spielten sich vor und im Lager ab. Friedland wurde so zu einem hochemotionalen Sinnbild für das Leiden der deutschen Flüchtlinge, Vertriebenen und Kriegsgefangenen. Das fand Ausdruck in mehreren Denkmälern wie der «Friedland-Glocke» oder der martialischen Statue eines deutschen Kriegsgefangenen mit dem Titel «Griff in die Freiheit». Beide wurden anfangs regelmäßig auf Reisen durch Westdeutschland geschickt, um die Bevölkerung an das Schicksal ihrer neuen Nachbarn «Friedländer» zu erinnern. Äußerst massiv, ja fast bedrohlich wirkt die 1967 eingeweihte «Friedland-Gedächtnisstätte» auf dem Hagenberg über dem Lager. In all diesen Symbolgestalten wird an die Deutschen als Opfer des Krieges gedacht, und dies in einer religiös aufgeladenen Weise. Zu einem Nachdenken über die Ursachen des Zweiten Weltkriegs wird nicht angeregt. Auch eine Erinnerung an die Opfer deutscher Gewalt kann hier nicht aufkommen. Dabei muss man bedenken, dass sich gerade unter den letzten Heimkehrern aus der Sowjetunion eine ganze Reihe von Kriegsverbrechern der schlimmsten Sorte befand.

Die evangelische Lagerkapelle, wahrscheinlich weil sie früher errichtet wurde, unterscheidet sich davon. Sie gibt sich stiller und bescheidener, betreibt keine öffentlichkeitswirksame Gedenkpolitik, sondern konzentriert sich auf ihre seelsorgerliche Aufgabe.

Die Geschichte von Friedland war mit der Rückkehr der letzten Kriegsgefangenen noch längst nicht zu Ende. Es kamen neue

Gewaltkatastrophen und andere Menschengruppen: Ungarn nach dem gescheiterten Aufstand von 1956, Sinti und Roma, Chilenen nach dem Sturz von Salvador Allende 1973, Boat-People nach dem Untergang Südvietnams 1978, DDR-Flüchtlinge sowie nach 1989 Aussiedler, Russlanddeutsche, jüdische Auswanderer aus der ehemaligen Sowjetunion – und dann natürlich im Flüchtlingssommer 2015 sehr viele Menschen aus dem Nahen Osten. Immer noch tut das Grenzdurchgangslager seinen Dienst, inzwischen für Flüchtlinge aus Eritrea, Syrien, dem Sudan oder dem Irak, die in Resettlement-Programmen in Deutschland Zuflucht gefunden haben, aber auch nach wie vor für die deutschen und jüdischen Spätaussiedler.

Nicht wenige von ihnen finden während ihres kurzen Aufenthaltes den Weg in die evangelische Lagerkapelle. Zweimal in der Woche hält der Lagerpastor gemeinsam mit einem syrisch-armenischen Diakon Abendandachten. Christen sehr unterschiedlicher Konfessionen, aber auch Muslime nehmen an ihnen teil. Beide, so der Lagerpastor, würden die Kapelle so wahrnehmen, wie sie gemeint sei: als einen guten, sicheren Ort, an dem sie willkommen sind und innerlich aufatmen können.

Heute gibt es in fast allen Weltgegenden Flüchtlingslager. Mancherorts sind es regelrechte Städte mit Schulen, Krankenhäusern, Sportplätzen und Geschäften. Aber finden sich in ihnen auch eigene Sakralbauten so wie in Friedland? Davon ist nichts zu lesen oder zu hören. Auch weitgereisten Fluchtexperten fällt auf diese Frage nichts ein. Man kann sich die Gründe vorstellen, weshalb die zumeist säkularen Träger und Betreiber solcher Lager etwas dagegen haben könnten: Anderes erscheint wichtiger; es fehlen die organisatorischen Voraussetzungen; auch befürchtet man wahrscheinlich religiöse Konflikte. Aber wenn man bedenkt, dass die Mehrheit der globalen Fluchtbevölkerung – im

Unterschied zu den sesshaften Wohlstandseuropäern – sehr religiös eingestellt ist, sollte man doch einmal darüber nachdenken, ob man nicht auch Lagerkirchen und Lagermoscheen errichten sollte – als sichere Orte für Gebet und Seelsorge.

Orte der Information

Alastair Bonnett: Die seltsamsten Orte der Welt. Geheime Städte – wilde Plätze – verlorene Räume – vergessene Inseln, München 2015.

Ders.: Die allerseltsamsten Orte der Welt: Aufsteigende Inseln – bodenlose Städte – abseitige Paradiese, München 2019.

The Changing World Religion Map. Sacred Places, Identities, Practices and Politics, hg. von Stanley D. Brunn, 5 Bde., Dordrecht 2015.

Glaubensorte. Umkämpft. Geliebt. Im Wandel. Jahrbuch Mission 2017, hg. von Michael Biel, Hamburg 2017.

Zu Allahabad:

Kumbh Mela. Mapping the Ephemeral Megacity, hg. von Rahul Mehorotra und Flipe Vera, Ostfildern 2015.

Geeta Pandey: Kumbh Mela. How to plan a festival for 100 m people, BBC News, 15. 1. 2019.

Ilija Trojanow und Thomas Dorn: Kumbh Mela. Indien feiert das größte Fest der Welt, München 2008.

Zu Bamberg:

Neil MacGregor mit Erika Langmuir: Seeing Salvation. Images of Christ in Art, London 2000.

Zu Bariyarpur:

Arun Budhathoki und Hannah Ellis-Petersen: Nepal Animal

Sacrifice Festival Pits Devotees against Activists, in: Guardian am 3. 12. 2019.
Nepal Temple Bans Mass Animal Slaughter at Festival, in: AFP am 28. 72015.
Arne Perras: Das große Schlachten. Alle fünf Jahre werden auf dem Gadhimai-Pilgerfest im Süden Nepals Hunderttausende Opfertiere getötet, in: Süddeutsche Zeitung am 5. 12. 2019.
www.stopgadhimaisacrifice.org

Zum Berliner Breitscheidplatz:
Martin Germer: Öffentliche Seelsorge im Resonanzraum Gedächtniskirche. Kirchliches Handeln nach dem Terroranschlag vom Berliner Breitscheidplatz und die Bedeutung von Ritual und Predigt, in: Geforderte Rede. Konstellationen, Kontexte und Kompetenzen des Predigens, hg. von Ursula Roth u. a., München 2018, S. 113–134.

Zur Berliner Bethlehemskirche:
Johann Hinrich Claussen: Die ersten «Nichtregierungsorganisationen». Ein anderer Blick auf die Geschichte der evangelischen Mission, in: Kolonialismus-Debatte. Bestandsaufnahme und Konsequenzen, hg. v. Olaf Zimmermann und Theo Geißler, Berlin 2020, S. 89–92.
Ulrich Schöntube: Die globale Geschichte der Bethlehemskirche. Der Einfluss Johannes Jänickes auf Karl Gützlaff, in: Zeitschrift für Missionswissenschaft 4/2018, S. 322–341.
St. Nirgendwo! Verlorene Gotteshäuser in der Berliner Mitte, hg. von Peter Lemburg u. a., Berlin 2015.

Zum Berliner St.-Michaels-Heim:
Andreas Fincke: Johannische Kirche, in: Handbuch Weltanschauungen, religiöse Gemeinschaften, Freikirchen, hg. von

Matthias Pöhlmann und Christine Jahn, Gütersloh 2015,
S. 363–377.

Zur Blauen Oase in Pfäffikon:
Michael Brems: «Sagt allen, dass ich aufrecht gegangen bin», in:
anders handeln Nr. 3, Hamburg 2019, S. 20 f.
Johannes Fischer: Zur Aufgabe der Ethik in der Debatte um den
assistierten Suizid. Wider ein zweifaches Missverständnis, in:
Beihilfe zum Suizid in der Schweiz. Beiträge aus Ethik, Recht
und Medizin, hg. von Christoph Rehmannn-Sutter u. a., Bern
2006, S. 203–215.
Margrit Sprecher: Dienstleister in tödlicher Mission. Sterbehilfe
ist für ihn «das letzte Menschenrecht», in: Die Zeit vom 26. 8.
2010.

Zu Deshnok:
Hans Scherer. Stopover. Ein Jahr auf Reisen, Frankfurt/Main
1995.

Zu Düsseldorf:
Hermann-Josef Röllicke: Das EKŌ-Haus der Japanischen Kultur
Düsseldorf, Lindenberg [2]2015.

Zu den Externsteinen:
Die Externsteine. Zwischen wissenschaftlicher Forschung und
völkischer Deutung, hg. von Larissa Eikermann u. a., Münster
2018.
Roland Linde: Externsteine, Verden und Enger. Der völkische
Sachsenkult in der Zeit des Nationalsozialismus, in: Credo.
Christianisierung Europas im Mittelalter Bd. 1, hg. von Chris-
toph Stigemann u. a., Petersberg 2013, S. 475–482.
Ders.: Die Externsteine. Ein Natur- und Kulturdenkmal im Span-

nungsfeld von Esoterik, Neuheidentum und Wissenschaft, in: Archäologische Informationen 42, 2019, S. 71–76.

Karen Russo: Externsteine, Film, 2012. https://vimeo.com/105 911639

Karlheinz Weißmann: Irminsul. Kleine Schriften zur politischen Symbolkunde, Bd. 4, Privatdruck, 2012.

Zu Friedland:

Wilhelm Tomm: Bewegte Jahre – Erzählte Geschichte. Evangelische Diakonie im Grenzdurchgangslager Friedland 1945 bis heute, hg. von der Inneren Mission und dem Evangelischen Hilfswerk im Grenzdurchgangslager Friedland, 1992.

www.museum-friedland.de

https://ome-lexikon.uni-oldenburg.de/begriffe/grenzdurch-gangslager-friedland

Eine schöne 360-Grad-Aufnahme der Kapelle von Friedland: https://theta360.com/s/cg0fWWmiZEKFv0xfe6bg78qrg

Zu Hamburg-Jenfeld:

www.tierfriedhof-jenfeld.de

https://aktion-kirche-und-tiere.de

www.aktion-kirche-und-tiere.de/cms/upload/PDF/Aufsatz/7._Die_Trauer_um_ein_Tier.pdf

Matthias Drobinski: Von Miezen und Menschen. Die Deutschen haben ein seltsames Verhältnis zu Tieren, in: Süddeutsche Zeitung am 7./8. 12. 2019.

Zu Hauterives:

John Berger: Portraits, London 2015.

Zu Hebron:

www.nirapereg.net

Zu Herchies:

Henri de Gerlache und Christophe d'Yvoire: Ein Traum von Baum. Eiben, Eichen und Mythen, TV-Dokumentation, ARTE, Frankreich 2015.

Zu Janino:

Kaarina Aitamurto: More Russian than Orthodox Christianity: Russian Paganism as Nationalist Politics, in: Nations under God. The Geopolitics of Faith in the Twenty-First Century, hg. von Luke M. Herrington u. a., Bristol 2015, S. 126–133.

Dies.: Reviving the Native Faith: Nationalism in Contemporary Slavic Paganism, Rodnoverie, in: Forum für osteuropäische Ideen- und Zeitgeschichte 15. Jg. (2011), S. 167–183.

Dies.: Russian Rodnoverie: Revisiting Eastern and Western Paganisms, in: The Changing World Religion Map Bd. 3, Dordrecht 2015, S. 1655–1671.

Modern Pagan and Native Faith Movements in Central and Eastern Europe, hg. von Kaarina Aitamurto und Scott Simpson, Durham 2013.

Zu Kerbala:

Kamran Scot Aghaie: The Martyrs of Karbala. Shi'i Symbols and Rituals in Modern Iran, Seattle und London 2004.

Daniel Gerlach: Der Nahe Osten geht nicht unter. Die arabische Welt vor ihrer historischen Chance, Hamburg 2019.

Nemi El-Hassan: Schiitische Wallfahrt in den Irak. Größer als der Haddsch, in: Der Tagesspiegel am 5. 10. 2016.

Zu Kyoto:

Saihō-ji (Koke-dera), in: Real Japanese Gardens, zu beziehen über: http://www.japanesegardens.jp/gardens/famous/saiho-ji-koke-dera.php

Marion Poschmann: Mondbetrachtung in mondloser Nacht. Über Dichtung, Berlin 2016.

Zu Lagos:

Bernd Dörries: Wunder gibt es immer wieder, in: Süddeutsche Zeitung am 29. Juli 2019.

Ruth MacLean: Eat, Pray, Live: the Lagos Megachurches Building Their Very Own Cities; in: Guardian am 11. 9. 2017.

Ibrahim Yusuf Wushishi: Highway to Heaven or Hell? Der Lagos-Ibadan-Highway in Nigeria, in: Glaubensorte. Umkämpft. Geliebt. Im Wandel. Jahrbuch Mission 2017, hg. von Michael Biel, Hamburg 2017, S. 121–125.

Zum litauischen «Berg der Kreuze»:
https://blog.dfds.de/berg-der-kreuze/

Zum Mauna Kea:

Yessenia Funes: Hundreds of Astronomers Denounce Arrest of Native Hawaiians Protesting Thirty Meter Telescope, am 18. 7. 2019, in: www.earther.gizmodo.com/hundreds-of-astronomers-denounce-arrest-of-native-hawai-1836497851

Dies.: Mauna Kea's Thirty Meter Telescope Is the Latest Front in the New Fight for Indigenous Sovereignty, am 9. 8. 2019, in: https://www.earther.gizmodo.com/mauna-keas-thirty-meter-telescope-is-the-latest-front-i-1837037365

Peter Hess: Hawaii's Space Telescope Controversy Is Reopening Old Wounds, am 13. 8. 2019 in: https://www.inverse.com/article/58462-thirty-meter-telescope-controversy-has-a-compromise

Greg Johnson: Materialising and Performing Hawaiian Religion(s) on Mauna Kea, in: Handbook of Indigenous Religion(s), hg. von demselben und Siv Ellen Kraft, Leiden und Boston 2017, S. 156–175.

Marisa Peryer: For Years, Yale's Astro Department Has Conducted research on Native Hawaiian Cultural Site, am 27.7.2019, in: www.yaledailynews.com/blog/2019/07/27/156243/

Hāwane Rios: «Warrior Rising», in: www.youtube.com/watch?v=_NwHVxrVXQ4;

www.protectmaunakea.net

www.tmt.org

Die Störung der Grundsteinlegung des TMT: www.youtube.com/watch?v=SZ4Gt35hs-s

Zu Mejorada del Campo:
Niko Scheidemandel: Mönch baut seit 50 Jahren eine Kathedrale aus Müll, in: Welt am 21.2.2011.

http://www.cathedraljusto.com/thecathedral.html; https://vimeo.com/6311987

Zum Mont Soleil im Jura:
Susanne Leuenberger: Eine Winterreise, in: bref Nr. 6, Zürich 2017.

«Zwingli zu feiern, ohne die Täufer einzubeziehen, ist seltsam». Interview von Susanne Leuenberger und Oliver Demont mit Jürg Bräker, in: bref. Nr. 3, Zürich 2019.

Zum Münchner Olympiapark:
Miriam Elze: Väterchen Timofej. Eine Annäherung, München 2004.

http://www.ost-west-friedenskirche.de/

Verschleppt, geflohen, vertrieben – Russische Displaced Persons im Nachkriegsmünchen, Bulletin des Tolstoi Hilfs- und Kulturwerks. Sonderheft, hg. von Tatjana Erschow, München 2018–2019.

Bulletin des Tolstoi Hilfs- und Kulturwerks Nr. 180–181, hg. von Tatjana Erschow, München 2019.

Zur Münchner Zenith-Halle:
Margarete Blümel: Leben, um zu umarmen. Die Inderin «Amma» und ihre erfolgreichen Touren um die Welt, in: «Tag für Tag», Deutschlandfunk am 11. 1. 2013. http://www.relinfo.ch/amma/info.html

Zu Nkamba:
Martin Baer und Claus Wischmann: Kinshasa Symphony, Dokumentarfilm 2010.

Andrea Böhm: Gott und die Krokodile. Eine Reise durch den Kongo, München 2011.

Yolanda Covington-Ward: Gesture and Power. Religion, Nationalism, and Everyday Performance in Congo, Durham and London 2016.

Thomas Daun: Fanfare für den Propheten, in: «Tag für Tag», Deutschlandfunk am 3. 5. 2017.

Aurélien Mokoko Gampiot: Kimbanguism. An African Understanding of the Bible, translated by Cécile Coquet-Mokoko, Pennsylvania 2017.

Zu Paju:
Malte Rhinow: Lautstarke Gottesbegegnung. Gebetsberge als Orte göttlicher Präsenz in Korea, in: Glaubensorte. Umkämpft. Geliebt. Im Wandel. Jahrbuch Mission 2017, hg. von Michael Biel, Hamburg 2017, S. 126–133.

Zu den Post-Evangelicals:
Elizabeth Dias und Sam Roberts: Rachel Held Evans, Voice of the Wandering Evangelical, Dies at 37, in: New York Times am 4. 5. 2019.

Ingolf Dalferth im Gespräch mit Andreas Main: Religiöse Vielfalt in den USA – «Die Zukunft, auf die wir zuleben», in: «Tag für Tag», Deutschlandfunk am 22. 3. 2019.

www.parliamentofreligions. org
www.rachelheldevans.com
www.wordbeerdeed.org

Zu Ar-Raqqa:
Tarek Bashour, gemeinsam mit Martin Illert und Susanne Böhringer: Die Pforten der Hölle werden sie nicht überwinden. Die Zerstörung der christlichen Sakraltopographie in Syrien, Beau Bassin 2017.
Sarah Birke: How ISIS Rules, in: New York Review of Books, 5. 2. 2015.
Daniel Etter: Im Paradies, in: bref Nr. 7, Zürich 2019.
www.danieletter.com
Lindsey Hilsum: War of All Against All, in: New York Review of Books, 23. 11. 2017.

Zu Scottsdale:
Kate Knibbs: Live Forever. A weekend watching the promise of immortality get sold and bought at the Revolution Against Aging and Death Festival, in: www.theringer.com am 15. September 2016. www.theringer.com/2016/9/15/16038284/searching-for-deaths-cure-834a02124ef5
www.reddit.com/r/cryonics/comments/ddh39j/how_cryonics_is_being_turned_into_a/
www.reddit.com/r/cryonics/comments/e58509/prominent_blogger_scott_alexander_calls_the_link/
https://culteducation.com/group/923-people-unlimited/7099-never-say-die-.html

Zu den Tallensi:
Volker Riehl: «Wenn du nicht verstehst, dann stehe auf und höre. Wenn du nicht siehst, dann erhebe dich und schau.»

Ahnenkult und Trancegebet bei den Tallensi in Nord-Ghana, in: Gebet in den Religionen. Ausdruck des Glaubens und der Spiritualität, hg. von Thomas M. Schimmel und Michaela Arndt, Regensburg 2018, 235–252.

Ders. gemeinsam mit Christiane Averbeck: «Die Erde kommt, die Erde geht». Zum religiösen Naturverständnis der Tallensi in Nord-Ghana, in: Sociologus NF 1994 Heft 2, S. 136–148.

Zu Windhoek:

Namibias schwieriger Umgang mit seiner Kolonialgeschichte. Versuche zu verstehen, Perspektiven 2018/19, hg. von Burgert Brand u. a., Windhoek 2018.

Zu Xinjiang:

China Cables, in: Süddeutsche Zeitung am 25. 11. 2019.

Lisa Ross: Living Shrines of Uyghur China. Photographs, New York 2013.

www.studiolisaross.com

Dank

Viele Menschen haben bei den Recherchen geholfen und wertvolle Hinweise gegeben. Ein herzlicher Dank geht an Kaarina Aitamurto, Christiane Averbeck, Michael Biehl, Klaus-Martin Bresgott, Burgert Brand, Michael Buback, Anne Buhrfeind, Nikolas Claussen, Thomas Claussen, Ingolf Dalferth, Otmar Deuber, Sabine Dressler, Martin Dutzmann, Franziska von Elverfeldt, Tatjana Erschow, Daniel Etter, Andreas Fincke, Henning Flad, Maik Fleck, Aurélien Mokoko Gampiot, Juan Garaizabal, Martin Germer, Lorenz Gonschor, Eckhard Gorka, Lothar Gorris, Thomas Harms, Martin Hein, Klaus Hopt, Mike Indest, Anton Knuth, Klaus Kocher, Julia Koll, Wolfgang Kraushaar, Claudio Lagemann, Eunhye Langbein, Lars Lemke, Roland Linde, Hugo Mujica, Marc Nottelmann-Feil, Bernd Oberdorfer, Hyun Ki Oh, Niklaus Peter, Veronika Pünder, Jan Raabe, Julia Ratzmann, Petra Rehder, Volker Riehl, Lisa Ross, Karen Rosso, Ulrich Schöntube, Marilla und Martin Sudeck, Navina Sundaram, Tobias Treseler, Ama Walton und besonders Ulrich Nolte.